JEUNE ET VIEILLE.

RÉPERTOIRE

DU THÉATRE DU VAUDEVILLE,

Par MM. Scribe, G. Delavigne, Théaulon, Désaugiers, Moreau, Brazier, Dupaty, Dartois, Merle, Sevrin, Gersin, Dumersan, Dieulafoi, Saintine, Decourcy, Bouilly, Bayard, etc., etc.

Prix : 75 c. la livraison.

CHAQUE PIÈCE SE VEND SÉPARÉMENT.

En vente :

1. Kettly, ou le Retour en Suisse. | 2. Léonide, ou la Vieille de Suresne.

Pour paraître incessamment :

La Laitière de Montfermeil.
Jérôme, ou les Deux Époques.
Fanchon la Vielleuse.
Pierre, Paul et Jean.
Mr Sans Gêne.
La Mère au Bal.
Le Duel par Procuration.
Les Deux Pères, ou la Leçon de Botanique.

Gaspard l'Avisé.
Julien, ou Vingt-cinq Ans d'entr'acte.
Le Mariage extravagant.
Le Roman par Lettres.
L'Appartement à deux Maîtres.
La Jarretière de la Mariée.
Thibaut, comte de Champagne.
La Volière de Frère Philippe, etc., etc.

Le Théâtre du Vaudeville offre une série exquise de bons ouvrages ; les Editeurs ne feront entrer, dans leur Répertoire, que les pièces qui ont eu une grande vogue, et que l'on joue toujours. Ils sont certains de répondre aux désirs du public, en ne lui offrant que celles qu'il a constamment applaudies et honorées de ses suffrages. Ainsi le jugement du public, a seul présidé à cette jolie collection, qui aura à la lecture autant de succès qu'à la scène.

Le format et le papier sont les mêmes que le Répertoire du Théâtre de Madame, des mêmes Éditeurs.

On Souscrit à Paris,

Chez
{ POLLET, rue du Temple, no 36 ;
{ BARBA, au Palais-Royal.

JEUNE ET VIEILLE

OU

LE PREMIER ET LE DERNIER CHAPITRE,

COMÉDIE-VAUDEVILLE EN DEUX ACTES,

PAR

MM. SCRIBE, MÉLESVILLE ET BAYARD,

REPRÉSENTÉE, POUR LA PREMIÈRE FOIS A PARIS, SUR LE THÉATRE DU
GYMNASE DRAMATIQUE, LE 18 NOVEMBRE 1830.

PARIS.

POLLET, LIBRAIRE,

ÉDITEUR DU RÉPERTOIRE DU GYMNASE DRAMATIQUE,

RUE DU TEMPLE, Nº 36.

1830.

(2)

PERSONNAGES.	ACTEURS.
Mme BEAUMÉNIL..............	Mme Julienne.
ROSE, sa fille. — Mme GUICHARD.	Mme Jenny Vertpré.
ANGÉLIQUE, amie de Rose.......	Mme Dormeuil.
GUICHARD, prétendu de Rose	M. Legrand.
AUGUSTIN, fils de M^r et Mme Guichard.	Mlle Valérie.
ÉMILIE, pupille de Guichard	Mlle Élisa Forgeot.
BRÉMONT...................	M. Numa.
NANETTE, servante de Guichard ..	Mme Minette.

La Scène se passe, au premier acte, dans la chambre de Mme Beauménil.

Au second acte, dans la maison de M. Guichard.

Nota. S'adresser, pour la musique de cette pièce et pour celle de tous les ouvrages représentés sur le Théâtre du Gymnase Dramatique, à M. Théodore, Bibliothécaire et Copiste, au même Théâtre.

Paris. — Imprimerie de Dondey-Dupré, rue St.-Louis, N° 46, au Marais.

JEUNE ET VIEILLE,

COMÉDIE-VAUDEVILLE EN DEUX ACTES.

⊷⊶⊷⊶⊷⊶⊷⊶⊷⊶⊷⊶⊷⊶⊷⊶⊷⊶⊷⊶⊷⊶⊷⊶⊷⊶⊷⊶⊷⊶⊷⊶

ACTE PREMIER.

Le théâtre représente une chambre meublée modestement. Au fond une commode sur laquelle se trouve une guitare. Deux portes latérales : la porte à gauche de l'acteur est la porte d'entrée ; l'autre celle de la chambre de Rose. A droite une fenêtre, et sur le devant de la scène à gauche une table.

⊷⊶⊷⊶⊷⊶⊷⊶⊷⊶⊷⊶⊷⊶⊷⊶⊷⊶⊷⊶⊷⊶⊷⊶⊷⊶⊷⊶⊷⊶⊷⊶

SCÈNE PREMIÈRE.

ROSE *seule*, *tenant un livre à la main et assise auprès de la table, sur laquelle on voit pêle-mêle des livres et des ouvrages de broderie.*

ROSE, *lisant.*

« Quelle surprise pour la pauvre Anaïs! c'est son amant » qui se jette à ses pieds!...» (*S'interrompant.*) Là! j'étais sûre qu'il reviendrait, celui-là... Ils reviennent toujours... dans les romans!... j'en suis bien aise... Elle est gentille, cette petite Anaïs!... et puis c'est drôle, comme sa position ressemble à la mienne... Seule avec sa mère... vivant de son travail... refusant tous les partis, pour rester fidèle à quelqu'un qui est allé bien loin (*avec émotion*) pour faire fortune... (*Soupirant.*) Quel dommage qu'ils soient si longs à faire fortune!... (*Lisant.*) « C'est son amant qui se » jette à ses pieds... O ma céleste amie, lui dit-il, je puis » enfin t'offrir ces richesses que je n'ai désirées que pour » toi... ce titre de comtesse... » (*S'interrompant.*) La voilà comtesse... est-elle heureuse!

AIR de *Turenne.*

Épouser celui que l'on aime,
De l'or, des bijoux, un grand nom,
Dans tous les romans c'est de même.
Si c'était le mien!... Pourquoi non?
Eh! mais, après tout, pourquoi non?

Ça commence par de la peine,
Ça commence par un amant;
J'ai déjà le commencement,
Faudra bien que le reste vienne.

Mon Dieu! j'entends quelqu'un... si c'était maman!...
(*Elle cache bien vite son roman, et reprend son ouvrage.*) Non,
c'est Angélique, notre voisine, et ma meilleure amie.

SCÈNE II.

ANGÉLIQUE, ROSE *.

ANGÉLIQUE.

Bonjour, Rose.

ROSE.

Te voilà!.... C'est bien heureux; depuis huit jours qu'on
ne t'a vue !

ANGÉLIQUE.

C'est vrai... Ma mère a été un peu malade; mais aujourd'hui elle se sent mieux... elle va porter mon ouvrage
chez le marchand qui me donne de la musique à graver...
Un air magnifique, ma chère... une cantate de Méhul,
pour la fête du premier consul.... et je me suis échappée en
disant que je venais travailler avec toi.

ROSE.

C'est bien... Nous allons causer.

ANGÉLIQUE.

Et j'en ai tant à te demander !... Qu'est-ce qu'on dit
donc dans le quartier, que tu vas te marier ?

ROSE.

Eh ! mon Dieu... hier soir encore c'était une affaire
arrangée : tout était prêt... les bans publiés.... C'était
pour aujourd'hui, à trois heures.

ANGÉLIQUE.

Et avec qui donc ?

ROSE.

Avec monsieur Guichard.

ANGÉLIQUE.

Ce jeune médecin de notre quartier ?

---

* Le premier acteur inscrit tient toujours en scène la gauche du
spectateur.

ROSE.

Médecin, à ce qu'il dit... Le fait est que, dans le tems de la réquisition, il s'est mis officier de santé, pour ne pas partir soldat..... Du reste, ni beau, ni laid; ni bête, ni méchant; mais ennuyeux à faire plaisir.

ANGÉLIQUE.

Qu'importe ?... s'il est bon : c'est l'essentiel pour un mari.

ROSE.

Oui; mais le moyen d'aimer ça, moi qui ne veux me marier que par amour !... moi, à qui il faut une passion dans le cœur, dussé-je en mourir !...

ANGÉLIQUE.

Y penses-tu !

ROSE.

Ah ! il n'y a que cela de bon.

AIR : *Ne vois-tu pas, jeune imprudent.*
Même quand il nous fait souffrir,
Combien un amour a de charmes !
Ne pas manger, ne pas dormir,
Ne se nourrir que de ses larmes !...
Puis ne plus travailler jamais,
Se promener triste et rêveuse...
Ah ! ma chère, si tu savais
Quel bonheur d'être malheureuse !

ANGÉLIQUE, *soupirant.*

Ah ! tu as bien raison !... Pourquoi alors donner des espérances à ce monsieur Guichard ?

ROSE.

Ce n'est pas moi... c'est maman, qui lui trouvait des qualités... Il est vrai qu'il a six mille livres de rentes ; et ma pauvre mère qui ne rêve qu'aux moyens de quitter notre cinquième étage de la rue Serpente, et qui met tous les jours à la loterie sans en être plus riche.

ANGÉLIQUE.

Il y a des numéros qui ne sortent jamais.

ROSE.

C'est ce qu'elle dit : et elle pensait qu'un mari serait moins difficile à attraper qu'un terne... aussi elle avait arrangé tout cela pour aujourd'hui... Mais après avoir bien hésité, bien pleuré... j'ai pris une belle résolution, j'ai écrit à monsieur Guichard, que je ne l'aimais pas, que je ne l'aimerais jamais... et la lettre vient de partir.

ANGÉLIQUE.

Tu as bien fait... il valait mieux tout lui dire.

ROSE.

Oh ! je ne lui ai pas tout dit, ni à ma mère non plus... mais à toi, je peux te l'avouer..... C'est que j'ai un amoureux.

ANGÉLIQUE.

Il serait possible !

ROSE.

Cela t'étonne ?

ANGÉLIQUE.

Ah ! mon Dieu, non... car j'en ai un aussi.

ROSE.

Et tu ne me le disais pas. (*Elles s'asseyent sur le devant de la scène.*) Conte-moi donc ça... Le mien est jeune, il est aimable, il est charmant.

ANGÉLIQUE.

Comme le mien.

ROSE.

Des yeux noirs, l'ame sensible, et les cheveux bouclés, comme lord Mortimer, que nous lisions l'autre mois, dans ce nouveau roman qui vient de paraître : *les Enfans de l'Abbaye!*

ANGÉLIQUE.

Eh ! bien, le mien lui ressemble aussi.

ROSE.

Ce doit être !... Tous ceux qu'on aime se ressemblent... Et t'a-t-il fait sa déclaration ?

ANGÉLIQUE.

Du tout : il ne m'a jamais rien dit ; ni moi non plus.

ROSE.

Est-elle bête !... Nous ne sommes pas ainsi... nous nous entendons à merveille !... Nous étions convenus d'un signal... il jouait sur son violon... car il joue du violon.

ANGÉLIQUE.

Comme le mien.

ROSE.

Un coup d'archet étonnant..... Il jouait une romance
nouvelle d'un nommé Boïeldieu :

Vivre loin de ses amours.

Cela voulait dire : « Me voici... Puis-je paraître ?.....»
Et moi j'achevais l'air sur ma guitare... ce qui voulait
dire : « Je suis seule... » Et puis, quand il y avait des obstacles , nous nous écrivions.

ANGÉLIQUE.

Ah ! que ce doit être gentil de recevoir des lettres !

ROSE.

Je le crois bien... Et puis c'est si commode !

AIR : *Ce que j'éprouve en vous voyant.*

Sans se troubler, un amoureux
Vous dit ainsi tout' sa pensée ;
De rougir on n'est pas forcée,
On n'a pas à baisser les yeux ;
Et puis, vois-tu, ce qui vaut mieux,
Quand, de près, il dit : J'vous adore !
Ce mot-là, quoique bien joli,
S'efface et s'éloigne avec lui ;
Mais par lettre on l'écoute encore
Long-tems après qu'il est parti.

Et je te montrerai les siennes..... Quelle ardeur ! Quelle
passion !... Ça brûle le papier !... Pourvu qu'on ne me
les enlève pas... Je crois que ma mère a des soupçons...
Je l'ai vue rôder encore ce matin...

ANGÉLIQUE.

Où sont-elles ?

ROSE.

Dans ma commode.

ANGÉLIQUE.

Veux-tu que je les emporte, que je les cache chez moi ?

ROSE.

Ah ! tu me rendrais un grand service... Tiens, voici la
clef... Le troisième tiroir à droite, sous un'fichu, derrière
mes bas de soie. (*Au moment où Angélique va se lever, on
entend tousser.*) Chut ! on vient...

ANGÉLIQUE.

C'est ta mère.

ROSE.

Ne bouge pas.

SCÈNE III.

LES MÊMES, Mme BEAUMÉNIL *.

Mme BEAUMÉNIL.

Ah! toujours à jaser...

ANGÉLIQUE, *se levant.*

Bonjour, madame Beauménil... Vous vous portez bien, madame Beauménil?

Mme BEAUMÉNIL.

Qu'est-ce que tu viens faire?... Apporter des romans...

ANGÉLIQUE.

Oh! non... j'arrive, et je venais...

ROSE.

Oui! elle me rapportait ma guitare, que je lui avais prêtée, pour apprendre la romance du Prisonnier.

ANGÉLIQUE, *l'emportant dans la chambre à droite.*

Je vais la remettre dans ta chambre...

Mme BEAUMÉNIL.

Des romances!... Voilà comme ces petites filles se perdent l'imagination.

ROSE, *s'approchant.*

Eh bien! maman?

Mme BEAUMÉNIL, *soupirant.*

Tu l'as voulu... ta lettre est chez lui.

ROSE, *à part.*

O Emile!...

Mme BEAUMÉNIL.

Mais tu en auras des regrets, Rose, tu verras.

ROSE.

Jamais, maman.

ANGÉLIQUE, *qui est revenue.*

Non, sans doute, madame Beauménil, et puisqu'elle ne l'aimait pas...

---

* Angélique, Mme Beauménil, Rose.

Mme BEAUMÉNIL.

Ah ! tu t'en mêles aussi, toi. . . Veux-tu bien aller faire tes doubles croches, et nous laisser tranquilles.

ANGÉLIQUE.

AIR *des Comédiens.*

Adieu, je pars.

Mme BEAUMÉNIL.

Va rejoindre ta mère.

(Elle va s'asseoir auprès de la table.)

ANGÉLIQUE, *bas à Rose.*

Ce soir ici je viendrai te trouver.

ROSE, *de même.*

N'y manque pas... Pour mes lettres, ma chère,
Et mes amours que je dois t'achever.
Nous brûlerons d'une ardeur éternelle.

ANGÉLIQUE.

Jusqu'au tombeau.

ROSE.

Je t'en fais le serment.

ANGÉLIQUE.

C'est l'rendez-vous.

ROSE.

Ah! j'y serai fidèle
Comme à tous ceux qu'il m'donne d'son vivant.

Mme BEAUMÉNIL, *à Angélique.*

Eh bien, te voilà encore!

ANGÉLIQUE.

Je m'en vas...

ROSE.

Pars vite, allons, va rejoindre ta mère ;
Ce soir ici tu viendras me trouver ;
N'y manque pas, pour mes lettres, ma chère,
Et mes amours que je dois t'achever.

Mme BEAUMÉNIL.

Allons! partez, rejoignez votre mère.
Toujours ici vous venez la trouver ;
La matiné' se passe à ne rien faire,
A votre ouvrag' vous feriez mieux d'penser.

ANGÉLIQUE.

Adieu, je pars, je vais près de ma mère.
Ce soir ici je viendrai te trouver ;
J'y reviendrai, pour les lettres, ma chère,
Et les amours que tu dois m'achever.

(Elle sort.)

SCÈNE IV.

ROSE, Mme BEAUMENIL.

Mme BEAUMÉNIL, *regardant sortir Angélique.*

Encore une bonne tête, qui donnera de la satisfaction à sa mère.

ROSE, *câlinant.*

Vous êtes toujours fâchée, maman ?

Mme BEAUMÉNIL, *avec humeur.*

J'ai tort !... Sacrifier un si bel avenir... un homme si aimable.

ROSE.

Oh ! si aimable...

Mme BEAUMÉNIL.

Oui, mademoiselle... Vous ne jugez que la figure; mais M. Guichard avait tout plein de qualités... et une femme en aurait fait tout ce qu'elle aurait voulu.

ROSE.

Je ne veux rien en faire.

Mme BEAUMÉNIL.

C'est ça... On trouve une occasion de s'assurer un sort... de sortir de la gêne où on est..... Mademoiselle ne veut pas... et il faut recommencer à gagner sa vie à la pointe de son aiguille... Si vous croyez que c'est agréable de se perdre sur du feston, et de prendre de la chicorée pour du café !...

ROSE.

Ah ! mon Dieu ! ne semble-t-il pas que ce soit un parti si brillant ?

Mme BEAUMÉNIL.

Comment donc ?... Six mille livres de rentes !

ROSE.

Et quelqu'un que l'on n'aime pas.

Mme BEAUMÉNIL.

Bah ! une fille bien née finit toujours par aimer six mille livres de rentes.

ROSE.

Encore l'argent !

Mme BEAUMÉNIL.

C'est qu'il n'y a que cela de réel ; et quand tu auras mon âge...

AIR : *Contentons-nous d'une simple bouteille.*

On r'grette, hélas ! au déclin de la vie
Les bons hasards négligés ou perdus ;
Tu ne s'ras pas toujours jeune et jolie,
Et les maris alors ne viendront plus.
Il s'ra trop tard quand tu voudras te plaindre ;
Pour s'enrichir il n'est que le printems...
Car la fortune est légèr'... pour l'atteindre
Il faut avoir ses jambes de quinze ans.

ROSE.

A quinze ans, comme à soixante, je penserai toujours de même... Vous croyez donc que le caractère peut changer, et que, sur mes vieux jours, je deviendrai avide, intéressée ?

Mme BEAUMÉNIL.

Peut-être bien... je l'espère.

ROSE.

Fi donc ! Chez les hommes, c'est possible... Mais nous autres femmes, nous ne tenons pas à la fortune... et, pour moi, je n'y tiendrai jamais. De l'eau, du pain sec, et la liberté de disposer de mon cœur..... voilà tout ce que je demande.

Mme BEAUMÉNIL.

Oui, de l'eau ! crois ça, et bois-en... Ça fait un joli ordinaire... Mais, malheureuse enfant, tu aimes donc quelqu'un alors ?

ROSE, *avec effort.*

Eh ! bien... oui, maman... j'aime...

Mme BEAUMÉNIL.

Voilà le grand mot lâché... Et qui donc ? ... Je suis sûre que c'est quelque petit officier de l'armée d'Italie... car c'est la mode aujourd'hui ; toutes les jeunes filles ne rêvent qu'officiers... depuis les victoires du premier consul... Un beau service qu'il nous a rendu là !..... Si tu t'avises jamais de donner dans le militaire... je sais ce que c'est... ton père était fourrier à la trente-deuxième demi-brigade.

ROSE.

Rassurez-vous... ce n'est pas un militaire... c'est mieux

que ça... Un artiste plein d'ardeur et de talent..... qui est
parti pour s'enrichir, et qui reviendra avec des millions
dans ses poches.

Mme BEAUMÉNIL.

Oui, comme ce M. Émile, dont les croisées donnent en
face des nôtres... Un artiste, à ce qu'on dit... Il est parti
depuis six mois, pour courir après la fortune.

ROSE, *à part.*

Si elle savait que c'est le mien.

Mme BEAUMÉNIL.

Tiens, voilà ses fenêtres ouvertes..... C'est donc vrai,
comme m'a dit la voisine, qu'il est revenu d'hier soir !

ROSE, *à part et regardant à la fenêtre.*

Lui, de retour ! quel bonheur !..... Il a donc réussi !...
(*Haut.*) Tenez, maman, j'ai fait un rêve cette nuit... Nous
avions un bel hôtel, de beaux meubles, une bonne voiture...
Vous verrez que tout ça nous arrivera.

Mme BEAUMÉNIL, *qui a mis ses lunettes et a pris son feston.*

Oui, compte là-dessus... En attendant fais ta broderie,
et porte-la chez la lingère. (*Elle s'assied.*)

ROSE.

Aujourd'hui ?

Mme BEAUMÉNIL.

Il le faut bien... C'est demain le loyer, et notre bourse
est à sec.

ROSE, *faisant la moue, et ôtant son petit tablier.*

C'est que c'est joliment loin, à pied.

Mme BEAUMÉNIL.

Dame ! comme tu n'as pas encore ta voiture..... Et tu
songeras aussi à faire notre petit ménage.

ROSE.

Ah ! quel ennui !..... Heureusement que nous allons ce
soir au spectacle...

Mme BEAUMÉNIL.

Au spectacle !...

ROSE.

Mais oui... Cette loge à *la Montansier.*

Mme BEAUMÉNIL.

Impossible !... c'est M. Guichard qui l'avait retenue... et
maintenant nous ne pouvons accepter ni son bras, ni sa loge.

ROSE

Toujours M. Guichard!... Ah! quand elle verra Emile.
(*On entend en dehors le violon qui joue l'air :* « vivre loin de
ses amours.) » (*Rose prêtant l'oreille du côté de la fenêtre...
à part.*) Ah! mon Dieu! je ne me trompe pas... C'est son
violon que j'entends, à la fenêtre en face..... et notre air
convenu.

Mme BEAUMÉNIL, *écoutant de l'autre côté.*

Eh! mais, Rose, il me semble que l'on sonne à la porte.

ROSE.

Oui, oui, maman... Allez donc voir ce que c'est.

Mme BEAUMÉNIL, *se levant.*

La réponse de M. Guichard... (*On sonne encore.*) Un moment... on y va. (*Elle sort.*)

SCÈNE V.

ROSE *seule et achevant l'air qui a été joué par le violon.*

> Vivre loin de ses amours,
> N'est-ce pas mourir tous les jours?

C'est bien lui... Oh! comme le cœur me bat. (*Elle court
à sa fenêtre, et l'ouvre.*) Emile..... Je vous revois..... Ah!
quel bonheur!... Ça fait mal.... ça suffoque. (*Lui faisant
signe de se taire.*) Parlez bas, je vous en prie..... Vous
m'aimez toujours?... n'est-ce pas? monsieur... Toujours...
Ah! j'en étais sûre... Si j'ai été fidèle?... Est-ce que cela
se demande?... Vous me trouvez embellie!... (*Souriant.*)
Je ne vous ferai pas le même compliment... Êtes-vous de-
venu brun!... c'est le soleil d'Italie... A propos, avez-vous
fait fortune?... Vous revenez bien riche?... Comment?...
pas un sou..... plus pauvre qu'auparavant!..... Ah! mon
Dieu!... Mais vous le faites donc exprès, monsieur... Il ne
vous reste que mon amour?... Pauvre garçon!..... il est
ruiné... Oh! c'est ma mère... (*Elle ferme la fenêtre.*)

SCÈNE VI.

ROSE, Mme BEAUMÉNIL *portant une corbeille élégante
qu'elle pose sur la table.*

Mme BEAUMÉNIL.

Voilà bien une autre aventure.

ROSE.

Quoi donc, maman ?

Mme BEAUMÉNIL.

Une corbeille magnifique.

ROSE.

Une corbeille... que l'on apporte !

Mme BEAUMÉNIL.

De la part de M. Guichard.

ROSE.

Monsieur Guichard !... Qu'est-ce que cela signifie ?

Mme BEÀUMÉNIL.

Que tout entier aux préparatifs de la noce, il n'est pas rentré chez lui, qu'il n'a pas encore ta lettre, et qu'il ignore...

ROSE.

Ah ! mon Dieu ! il ne fallait pas recevoir...

Mme BEAUMÉNIL.

Est-ce que j'ai eu le courage ?... D'ailleurs, on ne fait pas une pareille confidence à un domestique.

ROSE, *passant auprès de la table.*

Ah ! il a pris un domestique !... Mais vous allez renvoyer tout cela, j'espère?

Mme BEAUMÉNIL.

Aussitôt que j'aurai quelqu'un.

ROSE, *s'en approchant.*

A la bonne heure... Je ne veux pas qu'il pense..... (*Regardant la corbeille.*) Ça fait un joli effet, le satin.

Mme BEAUMÉNIL, *à Rose qui entr'ouvre la corbeille.*

N'y touche donc pas, Rose, puisque ce n'est plus pour nous !...

ROSE.

Mon Dieu, maman, on peut bien regarder..... Je veux voir seulement comment tout cela est choisi.

Mme BEAUMÉNIL.

Pour te moquer de M. Guichard... Dame ! il n'a pas des millions comme ton artiste.

ROSE, *soupirant à part.*

Oui, joliment... Pauvre Emile ! J'ai le cœur nâvré !... (*Haut.*) Oh ! le joli dessin !

Mme BEAUMÉNIL, *regardant un tulle brodé.*

Charmant !... C'est le voile... et un voile d'Angleterre encore !... Dis donc, du prohibé... c'est cossu.

ROSE, *le mettant.*

Oui... tenez, cela se met ainsi... On croise cela par devant.

Mme BEAUMÉNIL.

Ah ? c'est joli... très-joli... et ça te va...

ROSE.

Vous trouvez ?

Mme BEAUMÉNIL.

Et ce bouquet... (*Elle lui met le bouquet.*) Je ne t'ai jamais vue avec un bouquet.

ROSE, *à part.*

Ah ! son malheur me le rend plus cher que jamais..... (*Haut.*) Voulez-vous une épingle, maman ? (*A part.*) Et son image sera toujours... (*Haut.*) Un peu de côté; ça aura plus de grâce.

Mme BEAUMÉNIL, *l'admirant.*

Ah ! si tu te voyais !... Comme des fleurs vous relèvent une femme !... (*Elle prend dans la corbeille de la blonde qu'elle montre à Rose.*) As-tu remarqué cette blonde pour garnir la robe de noce ?

ROSE, *la regardant.*

Il y a de quoi faire deux rangs.

Mme BEAUMÉNIL.

Deux rangs de blonde ! Aurais-tu été heureuse avec cet homme-là ! (*Continuant à la parer.*) Et dire que tout cela va être pour une autre !

ROSE.

Pour une autre !

Mme BEAUMÉNIL.

Ecoute donc... il a envie de se marier, ce garçon..... il voudra utiliser sa corbeille..... J'ai idée que ce sera la fille de M. Gibelet, l'huissier au conseil des Anciens.

ROSE.

Comment !..... la petite Gibelet, qui loge ici au quatrième ?

Mme BEAUMÉNIL.

Oui... Elle le regarde toujours de côté.

Jeune et Vieille. 2

ROSE, *brusquement.*

Je crois bien... elle louche...

Mme BEAUMÉNIL.

Oh ! non.

ROSE.

C'est-à-dire qu'elle louche horriblement... Une petite sotte, si envieuse, si méchante... qui a toujours un air...

Mme BEAUMÉNIL.

Hum ! Si elle te voyait avec cette toilette, elle en ferait une maladie... Tu es si gentille comme ça !

ROSE.

Vous trouvez?... je voudrais bien me voir aussi, maman.

Mme BEAUMÉNIL.

Attends... je vais chercher le miroir. (*Elle entre dans la chambre de Rose.*)

ROSE, *seule.*

Certainement, ce n'est pas tout cela qui m'éblouira..... Je suis trop sûre de mes principes..... Pauvre Émile ! mais après tout, il n'a rien... (*Elle s'est approchée de la corbeille, d'où elle retire une boîte qu'elle ouvre.*) Tiens, il y a le collier... et il n'y a pas les boucles d'oreilles !..... Et ma pauvre mère... travailler à son âge... elle qui n'aime pas à se priver !... (*Regardant un schall.*) V'là justement le schall que je désirais !...

Mme BEAUMÉNIL, *revenant.*

Tiens, voilà la glace de la toilette. (*Elle tient le miroir devant elle.*)

ROSE.

Quelle fraîcheur !... quelle élégance !..... (*A part, et d'un ton pénétré.*) Ah ! certainement, ce n'est pas d'une bonne fille.

SCÈNE VII.

LES MÊMES, GUICHARD, *qui est entré tout doucement, et qui les regarde* *.

GUICHARD.

Me voilà, belle-mère !

ROSE ET Mme BEAUMÉNIL.

O ciel ! M. Guichard !

* Mme Beauménil, Guichard, Rose.

GUICHARD.

Restez donc, je vous prie... Ce que vous regardiez vaut mieux que ce que vous allez voir..... C'est assez galant, n'est-ce pas, belle-mère !..... Mais si on ne l'était pas un jour de noce !...

Mᵐᵉ BEAUMÉNIL, *embarrassée.*

Mais comment êtes-vous donc entré ?

GUICHARD, *d'un air fin.*

Ah ! dame! les maris se glissent partout...J'ai trouvé la porte ouverte.

Mᵐᵉ BEAUMÉNIL.

Je croyais l'avoir fermée.

ROSE, *interdite.*

Et... vous venez...

GUICHARD.

Parbleu!... je viens vous chercher.

LES DEUX FEMMES, *se regardant.*

Nous chercher !

GUICHARD.

Sans doute... Dites donc, il y a des gens qui tiennent à se marier dans les églises... mais comme en ce moment elles sont fermées, l'essentiel c'est la municipalité... Nos amis y sont déjà... avec mes deux témoins, un pharmacien et un capitaine... c'est mon compagnon d'armes *.

ROSE.

Le pharmacien?...

GUICHARD.

Non, le capitaine... du tems que j'étais aux armées, dans les ambulances, conscrit de l'an III, et depuis médecin du Directoire, qui est mort entre mes mains..... Pauvre Directoire !... Je vois avec plaisir que la mariée ne se fera pas attendre.

ROSE, *à sa mère.*

Ah ! mon Dieu ! il ne sait donc pas...

Mᵐᵉ BEAUMÉNIL.

M. Guichard... est-ce qu'en rentrant chez vous tout-à-l'heure, on ne vous a pas remis?...

---

* Guichard, Rose, Mᵐᵉ Beauménil.

GUICHARD.

On aurait eu de la peine... je ne suis pas rentré chez moi depuis hier.

Mme BEAUMÉNIL.

Comment?

ROSE, *bas.*

Il n'a pas reçu ma lettre.

Mme BEAUMÉNIL, *bas.*

C'est égal... il faut le prévenir.

GUICHARD, *remarquant leur trouble.*

Eh! mais, qu'avez-vous donc?... (*D'un air sentimental.*) Est-ce que ça vous inquiète, Rose, que je n'aie pas couché chez moi?

ROSE.

Oh! ce n'est pas cela.

GUICHARD.

Calmez-vous, chère amie; c'est que j'étais à Versailles pour une succession qui m'est tombée sur la tête..... comme une tuile... mais ça ne m'a pas fait de mal..... une succession... celle de mon oncle Guillaume, ancien fournisseur dans les fourrages, qui m'a laissé vingt mille livres de rentes... c'est modeste.

Mme BEAUMÉNIL.

Tu l'entends, ma fille.

ROSE, *avec humeur.*

Eh! maman, je ne suis pas sourde. (*A Guichard timidement.*) Comment, M. Guichard... et cette fortune subite... cet héritage ne vous a pas fait changer d'idée à mon égard?

GUICHARD.

Changer d'idée, moi?... au contraire.

Mme BEAUMÉNIL.

Quelle délicatesse!

GUICHARD.

Non... ce n'est pas par délicatesse... c'est par calcul... Voyez-vous, moi, je n'ai pas l'air... mais de ma nature...

je suis un peu faible... et une femme riche, habituée au monde... je ne serais pas le maître ; tandis qu'avec une petite fille pauvre, modeste, qui me devra tout...

Mme BEAUMÉNIL.

C'est bien plus rassurant.

GUICHARD.

Et puis, ce qui m'a décidé pour l'aimable Rose..... c'est cette figure candide... (*Rose baisse les yeux.*) Ce n'est pas elle qui aurait une intrigue à l'insu de sa mère... Voyez ces yeux baissés... avec ça, un mari est sûr de son fait... c'est bien tranquillisant.

Mme BEAUMÉNIL.

Quel brave homme ! (*A sa fille.*) Ah çà, il faut pourtant le détromper, lui dire que tu ne l'épouses pas.

ROSE, *la poussant près de lui.*

Chargez-vous-en, maman, je vous en prie.

GUICHARD.

Aussi je veux qu'elle soit bien heureuse, qu'elle éclipse tout le monde !... (*tirant un écrin de sa poche*) et d'abord voilà un petit écrin qui manquait à la corbeille.

Mme BEAUMÉNIL, *ouvrant l'écrin.*

Des diamans !

ROSE, *le prenant des mains de sa mère.*

Des girandoles !... eh bien, je crois qu'il gagne à être connu... une bonne physionomie.

GUICHARD.

Et pour la maman... un petit cadeau. (*Il lui présente un étui de lunettes.*)

Mme BEAUMÉNIL.

Pour moi !.... un étui ! des lunettes !.... des lunettes d'or !... (*Bas à Rose.*) Ah ! dis-lui, toi, ma fille... je n'ai pas le courage... (*Elle fait passer Rose auprès de Guichard.*)

GUICHARD.

Et puis une surprise que je vous garde encore.

ROSE.

Encore !

GUICHARD.

C'est d'occasion ; mais nous en jouirons tout de suite...
un joli cabriolet que j'ai acheté à un membre des Cinq
Cents qui s'en va avec les autres... il a sauté par la fenêtre... Et moi je serai de là... (*Il imite quelqu'un qui
conduit un cabriolet.*)

ROSE.

Une voiture !... une voiture !... maman.

Mme BEAUMÉNIL.

Une voiture, ma fille !... juste ton rêve de cette nuit.

GUICHARD, *avec joie.*

Elle avait rêvé à moi !

Mme BEAUMÉNIL.

Oui... à une voiture, dans laquelle vous étiez, avec
vingt mille livres de rentes.

GUICHARD.

Il y en a cinq de plus... et tout cela à votre porte ; car
j'entends le cabriolet qui vient nous prendre. (*Il va regarder à la fenêtre.*)

Mme BEAUMÉNIL, *à sa fille.*

Et la Gibelet qui est toujours à sa fenêtre, qui nous
verrait passer.

ROSE, *à part.*

Ah ! je n'y tiens plus... Certainement j'aimerai toujours
Émile... oh ! ça... Mais je l'attendrais dix ans qu'il
n'en serait pas plus avancé.

Mme BEAUMÉNIL.

Eh bien ?

ROSE, *avec effort.*

Eh bien ! maman, je me sacrifie.

Mme BEAUMÉNIL.

Est-il possible ?

ROSE, *pleurant dans ses bras.*

Mais pour vous... pour vous seule... car je suis bien
malheureuse.

GUICHARD, *revenant à elle.*

Eh bien ! eh bien !... comme disait le Directoire, par-
tons-nous ?

ROSE.

Ciel ! Angélique !... Je vous en prie, pas un mot de ce mariage.

GUICHARD.

Comment?

ROSE.

Je vous dirai mes raisons... Mais partons sur-le-champ.

SCÈNE VIII.

LES MÊMES, ANGÉLIQUE *.

AIR : *On prétend qu'en ce voisinage*, etc. (de FRA DIAVOLO.)

ANGÉLIQUE.

Ah! quelle nouvelle imprévue,
Un cabriolet est en bas !
A peine tient-il dans la rue,
Car d'ordinaire il n'en vient pas.

GUICHARD, *bas à Rose*.

C'est le nôtre... Quelle est cette jeune fillette ?

Mme BEAUMÉNIL.

Une voisine.

GUICHARD.
Je comprends!

ANGÉLIQUE, *étonnée*.

Vous sortiez?

Mme BEAUMÉNIL.
Pour quelques instans.

ROSE, *troublée*.

Oui, pour une course, une emplette.

GUICHARD, *bas*.

L'emplette d'un mari.

ROSE.
Taisez-vous.

GUICHARD.
Je comprends.

---

* Guichard, Mme Beauménil, Rose, Angélique.

ENSEMBLE.

ROSE et Mme BRAUMÉNIL.

Ne dites rien, elle est bavarde,
Et n'sait pas garder les secrets ;
C'est nous seuls que cela regarde,
Partout nous le dirons après.

GUICHARD.

Je me tairai, je prendrai garde,
Ne craignez rien pour nos secrets ;
C'est nous seuls que cela regarde,
Partout nous le dirons après.

ANGÉLIQUE, *étonnée.*

Qu'ont-ils donc ? comme on me regarde !
Soupçonnerait-on nos secrets ?
De l'adresse, prenons bien garde.

(*Bas à Rose.*)

Sur mes sermens compte à jamais.

ANGÉLIQUE, *bas à Rose.*

Pour ces lettres, moi qui venais,
Quel contre-tems !

ROSE, *de même.*

Bien au contraire ;
Pendant notre absence, prends-les.

ANGÉLIQUE.

C'est dit, sois tranquille, ma chère.

Mme BEAUMÉNIL.

Partons, il en est tems, je croi.

ROSE, *regardant en soupirant du côté de la croisée.*

Cher Émile !

GUICHARD, *triomphant.*

Elle est à moi.

REPRISE DE L'ENSEMBLE.

ROSE et Mme BEAUMÉNIL.

Ne dites rien, elle est bavarde, etc.

GUICHARD.

Je me tairai, je prendrai garde, etc.

ANGÉLIQUE.

Qu'ont-ils donc ? comme on me regarde ! etc.

(*Rose, Guichard et Mme Beauménil sortent.*)

SCÈNE IX.

ANGÉLIQUE, *seule, les regardant partir.*

Pauvre Rose !... Elle a encore pleuré... Ah ! que ces
attachemens font de mal !... Mais, au moins, elle a des

motifs de consolation, tandis que moi... (*D'un air con-*
tent.) Je l'ai vu tout à l'heure cependant... Il y avait bien
long-tems !... ça m'a fait plaisir... Et puis, je ne sais pas
si c'est une idée ; mais il m'a semblé qu'il soupirait, quand
j'ai passé devant lui. (*Revenant à elle.*) Allons, j'oublie les
lettres de Rose... dépêchons-nous... (*Elle ouvre la com-*
mode.) Derrière ses bas de soie... En voilà-t-il une provi-
sion !... Qu'est-ce qu'ils peuvent donc se dire pour user,
comme ça, des rames de papier ? (*Regardant autour d'elle.*)
Elle m'a promis de me les lire... ainsi il n'y a pas d'indiscrétion... (*Elle les rassemble, et en ouvre une :*) « Cher
» ange...» (*A elle-même.*) C'est gentil ! (*Lisant.*) « Ma bien
» aimée...» (*A elle-même.*) Comme c'est doux !... Que d'a-
mour !... en v'là-t-il... plein mes poches ! (*Lisant.*) «Que
» l'assurance de ta tendresse me rend heureux ! Elle me
» donne la force de tout braver.» (*A elle-même.*) Oh ! çà, je
le conçois !... (*Lisant.*) «En vain ta mère veut t'éloigner de
» moi : je suis tranquille... j'ai ton serment, et Rose ne peut
» plus appartenir à un autre.» (*S'interrompant.*) Mais qui donc
ça peut-il être? (*Elle tourne le feuillet et regarde au bas de la*
page.) O ciel !... Émile !... Emile Brémont !... C'est le
mien !... (*Avec émotion et s'essuyant les yeux.*) Ah ! malheureuse !... Lui qui était si bon, si aimable pour moi !.....
J'ai pu croire un instant... Et c'en est une autre !... (*Par-*
courant plusieurs lettres.) Oh ! oui... « Je t'aime... je t'a-
» dore...» Il a bien peur qu'elle n'en doute... c'est répété
à chaque ligne !... Je n'y vois plus... j'étouffe !... J'ai
besoin de respirer... (*Elle s'approche de la fenêtre.*) Ah ! mon
Dieu! le voilà à sa fenêtre ! (*Reculant au milieu du théâtre.*)
Heureusement que le jour baisse... et qu'il ne me verra
pas pleurer. (*Regardant de loin.*)

AIR : *J'en guette un petit de mon âge.*

Mais, qu'ai-je vu ! Quels procédés indignes!
Il me regarde tendrement...
Et voilà qu'il me fait des signes...
Ah ! c'est pour elle qu'il me prend !
Dieu! dans l'excès de sa tendresse,
Il m'envoie un baiser, je crois...
Je n'en veux pas... Je ne reçois
Que ce qui vient à mon adresse.

(*Un paquet de lettres, attaché à une pierre, vient tomber à ses pieds.*)

Que vois-je?... encore des lettres! Il croit donc qu'il n'y
en a pas assez... (*Elle ramasse le paquet.*)

SCÈNE X.

ANGÉLIQUE, ROSE.

ROSE, *à part en entrant.*

C'est fini... me voilà madame Guichard.

ANGÉLIQUE, *surprise et essuyant ses yeux.*

Ah! c'est toi, Rose?

ROSE.

Oui, ma mère et ce monsieur se sont arrêtés en bas...
(*Remarquant son trouble.*) Mais qu'as-tu donc?... Comme
tu es émue!

ANGÉLIQUE, *s'efforçant de sourire.*

Moi, non.... C'est qu'en ton absence... et pendant que
je prenais ces lettres... il m'est arrivé une aventure.

ROSE.

Une aventure...

ANGÉLIQUE.

Oui... tu ne m'avais pas dit que c'était M. Emile.

ROSE.

Je ne te l'avais pas dit?.. ah! je croyais... Au surplus,
qu'est-ce que ça te fait?

ANGÉLIQUE.

Oh! rien du tout... Mais comme je loge dans la même
maison... j'aurais pu lui éviter la peine de t'envoyer ses
lettres (*montrant la fenêtre*) au risque de casser les carreaux!...
comme celle-ci. (*Elle lui présente la lettre.*)

ROSE, *repoussant la lettre, et regardant du côté de la porte.*

Encore une! non... quoi que tu en dises, je ne dois plus
souffrir... on n'aurait qu'à me surprendre. (*A part.*) Une
femme mariée!

ANGÉLIQUE, *regardant au fond.*

Personne ne vient.

ROSE.

Eh bien! lis-la vite... Tout ce que je puis me per-
mettre... c'est de l'écouter.

ANGÉLIQUE, *ouvrant la lettre.*

Qu'est-ce qu'elle a donc? (*Elle lit.*) «On assure que vous
» allez vous marier... » (*A Rose.*) Vois-tu, comme on fait
des contes... (*Lisant.*) «Je ne puis le croire... Vous

» savez qu'au moment où vous serez à un autre; je me
» tüe. »

ROSE.

O ciel !

ANGÉLIQUE.

Çà, il n'y manquerait pas!... il a une tête... et tu as
bien fait de refuser M. Guichard.

ROSE, *troublée.*

Continue.

ANGÉLIQUE, *lisant.*

« Vous avez donc oublié vos sermens!... Relisez-les...
» je vous renvoie vos lettres... Ce sera votre punition!
» Mais non, c'est une calomnie, n'est-ce pas, Rose?...
» tu m'aimes encore, j'en suis sûr... mais j'ai besoin de
» l'entendre de ta bouche... Aussi, je brave tout... Une
» planche peut me conduire près de toi... elle va de ma
» fenêtre à celle de ta chambre; et dès que la nuit sera
» venue... »

ROSE, *effrayée.*

Ah! mon Dieu! il oserait!... Mais non, il sera raisonnable... Va le trouver, dis-lui...

ANGÉLIQUE.

Quoi donc?

ROSE.

Silence !... C'est M. Guichard.

ANGÉLIQUE.

Le rival dédaigné?

ROSE.

Chut!... mets-la avec les autres.

(*Angélique cache les lettres.*)

SCÈNE XI.

Les Mêmes, GUICHARD.*

GUICHARD, *à la cantonade.*

C'est très-bien, madame Beauménil... Dépêchez-vous
de mettre le couvert... Ce n'est pas que j'aie grand ap-

* Angélique, Rose, Guichard.

pétit ; mais je suis pressé. (*A Rose.*) Un souper fin... que j'ai envoyé prendre chez Legacque, par mon domestique à tournure ; car nous soupons avec la maman, et nos amis... et puis après cela, cher ange, nous partons.

ANGÉLIQUE, *étonnée.*

Vous partez !... Comment ?

GUICHARD.

Dans ma voiture, (*baisant la main de Rose*) en tête à tête.

ANGÉLIQUE, *bas.*

Mais prends donc garde... il te baise la main.

ROSE, *embarrassée.*

Tu crois ?

ANGÉLIQUE.

Et tu le laisses faire ?

GUICHARD.

Qu'est-ce qu'elle a donc, cette petite ? Est-ce qu'on ne peut pas embrasser sa femme ?

ANGÉLIQUE, *étonnée.*

Sa femme !

GUICHARD.

Oui, certainement... depuis une heure.

ANGÉLIQUE.

Si c'est comme ça que tu lui es fidèle...

ROSE.

Ce n'est pas pour moi... c'est pour ma mère.

GUICHARD.

J'espère que Melle Angélique me fera le plaisir d'assister au souper... car les amis de ma femme sont les miens..... Je l'aime tant... et elle m'aime aussi : elle me le disait encore tout-à-l'heure.

ANGÉLIQUE.

Comment, tu as pu lui dire...

ROSE, *bas.*

A cause de ma mère.

ANGÉLIQUE.

Pauvre fille !

GUICHARD.

Et je vous crois, Rose, je vous crois sans peine... Et ce

diable de souper qui ne viendra pas!... Est-ce lui?... Non...
(*Entre le domestique.*) c'est mon domestique... c'est-à-dire
votre domestique... Saluez votre maîtresse... (*Le domestique
salue.*) Tu es passé chez moi... Ah! mes lettres... Donne,
donne... et presse le souper. (*Le domestique sort.*) Qu'est-ce
que je vois là?... Une lettre... C'est votre écriture... une
lettre de vous...

ANGÉLIQUE.

Comment!

ROSE.

De moi!... ô ciel! ma lettre de ce matin.

GUICHARD.

Comment, chère amie, vous m'avez écrit?

ROSE, *à Angélique.*

Celle où je lui dis que je ne l'aime pas, que je ne l'aimerai jamais.

GUICHARD.

Une lettre d'amour, le jour de mon mariage... Oh! c'est
joli... c'est très-joli... Voyons.

ROSE, *se jetant sur lui,*

M. Guichard, c'est inutile, ne l'ouvrez pas.

GUICHARD.

Si fait... si fait...

ROSE, *lui retenant la main.*

Je vous en prie... vous me feriez rougir.

GUICHARD.

Il y a donc des choses!... Eh bien, chère amie... je ne
vous regarderai pas... Je lirai sans regarder... (*Il ouvre la
lettre.*)

ROSE, *poussant un cri.*

Ah! monsieur!...

SCÈNE XII.

LES MÊMES, Mme BEAUMÉNIL.

Mme BEAUMÉNIL.

Mon gendre... eh vite!... eh vite!... on vous demande
en bas, pour un malheur qui vient d'arriver.

GUICHARD.

Un malheur!

Mᵐᵉ BEAUMÉNIL.

Ici, en face... un jeune homme qui loge au-dessus de la mère d'Angélique...

ANGÉLIQUE, *bas à Rose.*

C'est Emile.

ROSE.

Comment! qu'est-ce donc?

Mᵐᵉ BEAUMÉNIL.

On n'en sait rien... mais voilà une heure que l'on frappe à sa porte... et il ne répond pas.

ROSE ET ANGÉLIQUE.

Ah! mon Dieu!

Mᵐᵉ BEAUMÉNIL.

Et l'on sent dans l'escalier une odeur de charbon.

GUICHARD, *froidement.*

C'est qu'il s'asphyxie.

ROSE.

Ah! le malheureux!

ANGÉLIQUE, *à Rose.*

Il a appris ton mariage... et dans son désespoir...

Mᵐᵉ BEAUMÉNIL.

On a été chercher le commissaire, qui demande un médecin..... Je me suis empressée de dire que mon gendre était ici.

GUICHARD.

Moi... par exemple...

ROSE ET ANGÉLIQUE.

Oui, oui, vous avez bien fait.

Mᵐᵉ BEAUMÉNIL.

Vous ne pouvez pas vous dispenser d'y aller, mon gendre... le devoir, l'humanité...

ROSE.

Eh! sans doute, monsieur.

ANGÉLIQUE.

Courez donc vite!

GUICHARD.

Mais permettez... on ne dérange pas ainsi un marié qui va souper...

ROSE.

Il s'agit bien de cela... Allez donc, monsieur... allez au secours de ce pauvre jeune homme... ou je ne vous aimerai de ma vie.

ANGÉLIQUE, *l'entraînant.*

Venez vite, monsieur.

Mme BEAUMÉNIL.

Venez, mon gendre.

GUICHARD.

Voilà, belle-mère, voilà. (*Il sort avec Mad. Beauménil et Angélique.*)

SCÈNE XIII.

ROSE *seule.*

Ah! je succombe... Pourvu qu'il n'arrive pas trop tard... Pauvre Émile!... et c'est par amour pour moi!... Et dire que peut-être en ce moment!... (*On entend, dans le cabinet à droite, une guitare qui répète l'air:* «Vivre loin de ses amours.») Qu'entends-je?... ma guitare... dans ma chambre!... (*Courant à la croisée.*) Est-ce qu'il aurait osé?... Oui, oui, sa fenêtre ouverte... et cette planche... au risque de se tuer... Ah! je n'ai pas une goutte de sang dans les veines... Si l'on venait... Grand Dieu! la porte s'ouvre... (*Courant à la porte du cabinet.*) N'entrez pas, Émile. (*Elle repousse vivement la porte.*) Seule ici... Non, vous dis-je... non, vous n'entrerez pas, monsieur... c'est inutile... je mets le verrou. (*A part.*) Ah! il n'y en a pas... (*Elle tombe dans un fauteuil, la porte s'ouvre. Le rideau baisse.*)

FIN DU PREMIER ACTE.

ACTE SECOND.

Le théâtre représente un salon : porte au fond ; deux portes latérales ; au-dessus de celle à droite une grande lucarne.

SCÈNE PREMIÈRE.

ÉMILIE, GUICHARD, AUGUSTIN, NANETTE.

Guichard est assis, et tient un journal. Émilie est debout à sa droite et Augustin à sa gauche. Nanette range l'appartement.

GUICHARD.

Allons, quand je te dis que ça ne se peut pas.

AUGUSTIN.

Mais, mon papa.

GUICHARD.

Mais, mon fils... tu ferais beaucoup mieux de t'en aller à ton École de Droit... au cours de M. Poncelet.

AUGUSTIN.

Non, mon papa, je n'irai pas ce matin... j'aime autant étudier mon violon.

GUICHARD.

Hein !... tu dis...

AUGUSTIN.

Je dis que je n'irai pas.

GUICHARD, *avec colère.*

Ah ! tu ne veux pas y aller ?

AUGUSTIN.

Non.

GUICHARD, *se levant.*

Eh ! bien, à la bonne heure, n'y va pas..... ça m'est égal... ça regarde ta mère. (*A Nanette.*) Nanette, tu es bien sûre qu'elle n'est pas rentrée ?

NANETTE.

Pardine, monsieur ; puisque voilà Mlle Émilie qui arrive de Saint-Sulpice, où elle l'a laissée.

ÉMILIE.

Oui, mon tuteur; et elle doit, après, aller chez son directeur.

GUICHARD.

Dieu! si elle pouvait l'inviter pour aujourd'hui!

AUGUSTIN.

L'abbé Doucin?

GUICHARD.

Certainement; car ici, je ne sais pas comment ça se fait... c'est toute la semaine jeûne, vigile et carême... à moins que l'abbé ne soit invité... Je ne fais de bons dîners, que quand il est des nôtres, lui et son épagneul... Brave homme du reste, qui est gourmand par bonheur.

AUGUSTIN.

Mais, mon papa, je ne vous comprends pas... Si ça vous déplaît de faire maigre, pourquoi ne le dites-vous pas à maman?

GUICHARD.

Pour la faire crier... Merci..... Avec ça que lorsque ça commence, ça dure long-tems...

AUGUSTIN.

Laissez donc!... si vous lui disiez...

GUICHARD.

Oui, toi... c'est possible..... parce qu'elle te gâte, ta mère.

AUGUSTIN.

Pas tant, pas tant.

GUICHARD.

Si... elle te gâte... Mais moi!... il y a près de quarante ans qu'elle en a perdu l'habitude... depuis que je l'ai épousée, dans la république... Moi, qui avais choisi une petite fille sans fortune, pour être le maître... ça m'a joliment réussi... Le jour même de notre mariage, nous eûmes une querelle... Cette fois-là, c'était ma faute... Imaginez-vous... une lettre que je trouve dans mes papiers... une lettre qu'elle m'avait écrite avant la noce... une plaisanterie... une épreuve qu'elle avait voulu faire!... J'eus la bêtise de me fâcher... Elle me l'a assez reproché depuis... et ça lui a donné un avantage sur moi... Ah! mes enfans! une femme est bien forte quand son mari a des torts.

NANETTE.

Aussi, monsieur a quelquefois des crises...

GUICHARD.

Hein ! Qu'est-ce que vous dites? Mêlez-vous de votre cuisine...

NANETTE.

Non... vous n'en avez peut-être pas, de crises?...

GUICHARD.

Oui ; mais heureusement que j'ai un moyen excellent de les faire cesser ; et même de les empêcher.

ÉMILIE.

Et lequel ?

GUICHARD.

Quand je vois quelque chose qui se prépare , je prends bravement ma canne et mon chapeau , et je vais me promener au Luxembourg... ça me rappelle mon bon tems... le tems du Directoire.... mes pauvres [Directeurs !... Et souvent, dans mes méditations politiques... car j'ai toujours aimé la politique... je me dis : « Dieu me pardonne ! ma femme me traite comme le premier consul les a traités... Je n'ai plus voix au chapitre. »

AUGUSTIN.

C'est votre faute , mon papa ; et si vous voulez, je vais vous donner un moyen de ravoir la majorité.

GUICHARD.

Une conspiration à nous trois !... j'en suis...

AUGUSTIN.

Eh ! bien, me voilà, moi... qui suis votre fils.

GUICHARD.

Je m'en flatte.

AUGUSTIN.

Voilà Émilie, votre pupille , la fille d'une ancienne amie de ma mère... Cette pauvre Angélique.

GUICHARD.

Eh bien ?

AUGUSTIN.

AIR *de la Robe et les Bottes.*

Toujours soigneux de vous complaire,
Nous vous avons défendu jusqu'ici;
Et vous savez, même contre ma mère,
Que vos enfans prenaient votre parti.
Mais ce parti qui vous honore
Ne compte, hélas! que nous deux... vous voyez...
Mariez-nous, pour augmenter encore
Le nombre de vos alliés.

GUICHARD.

Est-il possible?... Vous vous aimez!.. Ça ne se peut
pas... Je ne m'en suis jamais aperçu.

AUGUSTIN.

C'est égal, mon papa, nous nous aimons... Et si, comme
je vous disais tout-à-l'heure...

GUICHARD.

Eh! mon Dieu! je ne demanderais pas mieux! mais les
obstacles... (*A Émilie.*) Toi, d'abord, tu n'as rien.

AUGUSTIN.

Comment, rien?

GUICHARD.

Absolument rien... Je dois le savoir, moi, qui suis son
tuteur.

ÉMILIE.

Il a raison.

AUGUSTIN.

Et ces papiers cachetés dont tu me parlais, et que t'a remis ta mère?

GUICHARD.

Des papiers?... Qu'est-ce que c'est que ça?

ÉMILIE.

Ils ne sont pas pour moi, ils sont à l'adresse d'une personne que je n'ai jamais vue... un ancien ami de ma mère...
M. Émile Brémont.

GUICHARD.

Je ne connais pas.

NANETTE.

Tiens... c'est peut-être des billets de banque.

GUICHARD.

Que vous êtes bête, ma chère !... Au fait, ça se pourrait.

AUGUSTIN.

Eh ! mon Dieu ! qu'importe ?... L'essentiel, c'est que nous nous aimions... Vous parlerez, n'est-ce pas ?

GUICHARD.

Tu vas me faire gronder.

ÉMILIE.

Oh ! je vous en prie !

AUGUSTIN.

Mon petit papa !

GUICHARD.

Que vous êtes câlins !

NANETTE, *qui est remontée, regarde par la porte du fond.*
Voici madame.

TOUS LES TROIS.

Ah ! mon Dieu !

GUICHARD.

Ne dites rien... n'ayons pas l'air....

SCÈNE II.

LES MÊMES, Mme GUICHARD. *Elle a un petit mantelet de dévote et une robe de soie grise, avec un bonnet très-simple*.*

Mme GUICHARD, *à la coulisse.*

Mettez écriteau à l'instant... Je le veux... On donnera congé.

GUICHARD.

Qu'est-ce donc, chère amie ?

Mme GUICHARD.

Cet appartement qui est trop grand pour nous..... Et décidément je le mets en location... J'en aurai mille écus.

GUICHARD.

Nous déloger de notre maison !.... Et où irons-nous ?

---

* Emilie, Guichard, Mme Guichard, Augustin, Nanette.

Mᵐᵉ GUICHARD.

Au troisième.

GUICHARD, à part.

Encore une économie... (A Mad. Guichard.) Mais, chère amie...

Mᵐᵉ GUICHARD.

Quelle objection y trouvez-vous?

GUICHARD.

Je trouve... que mon cabinet sera bien froid.

Mᵐᵉ GUICHARD.

On bouchera la cheminée... c'est par là que vient le vent.

GUICHARD.

Et les locataires du troisième?

Mᵐᵉ GUICHARD.

Je leur donne congé... Des gens qui se sont fourrés dans la révolution... des libéraux... des jacobins... ils n'ont que ce qu'ils méritent.

GUICHARD, cherchant à détourner.

Vous quittez l'abbé Doucin, chère bonne?

Mᵐᵉ GUICHARD.

Oui, monsieur.

NANETTE, à part.

On s'en aperçoit.

Mᵐᵉ GUICHARD.

Il est fort mécontent de vous tous.

ÉMILIE.

De moi, madame?

Mᵐᵉ GUICHARD, se tournant vers elle.

Oui, mademoiselle... Il a remarqué vos distractions pendant l'office... (Lui rendant un petit livre.) Eh! tenez, voilà votre livre de prières que vous avez oublié sur votre chaise... Une autre fois vous aurez une femme de chambre derrière vous pour le rapporter. (Emilie baisse les yeux.)

NANETTE.

Dame!... il faisait si froid.

Mᵐᵉ GUICHARD.

Et vous, Mˡˡᵉ Nanette, pourquoi avez-vous refusé à

M. l'abbé Doucin d'être de l'association du sou?... Tous les domestiques honnêtes en sont.

NANETTE.

Que voulez-vous?... Le peu d'argent que j'ai, je l'envoie à ma mère.

Mme GUICHARD, *brusquement.*

Taisez-vous... Vous n'aurez jamais de religion... (*A Augustin.*) Bonjour, Augustin... bonjour, mon garçon... Ne trouvez-vous pas que, tous les jours, il me ressemble davantage?

AUGUSTIN.

Maman me fait toujours des complimens.

Mme GUICHARD.

Il est gentil celui que tu me fais-là... Voyons, où avons-nous été hier au soir?

AUGUSTIN.

Maman, j'ai été au spectacle.

Mme GUICHARD.

Qu'est-ce que j'apprends-là!..... au spectacle!..... dans ces lieux de perdition!..... Vous ne sortirez plus sans moi... Vous me suivrez à mes conférences.

NANETTE.

C'est bien amusant!

AUGUSTIN.

Si c'est comme cela qu'elle me gâte!

GUICHARD, *à Emilie.*

Pourquoi aussi va-t-il lui dire?...

Mme GUICHARD.

Qu'est-ce que c'est?...

GUICHARD.

Je dis, chère amie... je demande si l'abbé Doucin vient dîner aujourd'hui?

Mme GUICHARD.

Non.

GUICHARD.

Tant pis... ça m'aurait fait plaisir.

Mme GUICHARD.

Il est un peu souffrant... il a des crampes d'estomac.

GUICHARD.
Pauvre homme ! (*Augustin passe auprès d'Émilie.*)

Mᵐᵉ GUICHARD.
Et ça me fait penser... que je lui ai promis... Nanette, donnez-moi ces deux bouteilles de fleur-d'orange et cette boîte de conserves d'abricots... dans l'armoire de ma chambre.

NANETTE, *sortant.*
Oui, madame.

Mᵐᵉ GUICHARD.
Ce digne homme !... ça lui fera du bien.

GUICHARD, *bas aux enfans.*
Ces bonnes confitures dont elle ne veut jamais nous donner.

Mᵐᵉ GUICHARD.
A propos, M. Guichard...

GUICHARD, *se retournant.*
Chère amie...

Mᵐᵉ GUICHARD.
Il faut aller le remercier de l'honneur qu'il vous a fait.

GUICHARD.
L'abbé Doucin ?... qu'est-ce qu'il m'a donc fait ?

Mᵐᵉ GUICHARD.
Comment !... est-ce que je ne vous l'ai pas dit ?..... grâce à lui, vous voilà marguillier de la paroisse.

GUICHARD.
Ah !...

Mᵐᵉ GUICHARD.
Eh bien ! vous ne comprenez pas ce que cela veut dire ?... marguillier de la paroisse.

GUICHARD.
Si fait.

Mᵐᵉ GUICHARD.
Un titre qui vous donne voix à la fabrique... qui vous place au premier banc !... vous ne vous réjouissez pas ?

GUICHARD.
Pardonnez-moi, chère amie... marguillier !... je suis très-content... me voilà marguillier. (*Appelant.*) Nanette !

NANETTE, *revenant avec deux bouteilles, et une boîte qu'elle présente à M. Guichard.*

Monsieur.

GUICHARD.

Je suis marguillier, Nanette... je veux que tout le monde s'en réjouisse... et, pour fêter ma nouvelle dignité, tu vas me donner à déjeuner un bon beef-steak.

Mme GUICHARD, *arrangeant les confitures.*

Hein !... qu'est-ce que vous avez dit ?

GUICHARD.

J'ai dit un bon beef-steak, avec des pommes de terre.

Mme GUICHARD.

Y pensez-vous ?... un jour maigre !...

GUICHARD.

C'est aujourd'hui maigre ?... (*A part.*) Je n'en sors pas... je vais encore avoir des pruneaux... (*Haut.*) Mais, ma bonne, je suis marguillier.

Mme GUICHARD.

Raison de plus pour vous mortifier, pour donner le bon exemple. (*Regardant l'étiquette des bouteilles.*) C'est la meilleure !... celle qui est sucrée, n'est-ce pas, Nanette?

NANETTE.

Oui, madame.

Mme GUICHARD.

Vous boirez l'autre, M. Guichard.

GUICHARD.

Moi ! (*Augustin revient auprès de sa mère.*)

Mme GUICHARD, *souriant.*

Ah ! vous êtes gourmand !... vous aimez les chatteries! (*Regardant les confitures.*) Elles ont bonne mine. (*En prenant un peu.*)

GUICHARD, *avançant la main.*

Oui... elles doivent être...

Mme GUICHARD, *lui donnant un coup sur les doigts.*

Eh bien !...

GUICHARD.

Oh ! merci.

EMILIE, *bas à Guichard.*

Dites donc, mon tuteur, c'est le moment de lui parler.

GUICHARD, *bas.*

Tu crois?

ÉMILIE.

Elle me paraît de bonne humeur.

NANETTE, *de même.*

Allons, monsieur. (*Augustin, de sa place, fait des signes à son père.*)

Mme GUICHARD, *se retournant.*

Qu'est-ce que c'est?

AUGUSTIN.

Rien, maman... c'est mon père qui a quelque chose à vous dire... et qui nous priait de le laisser.

Mme GUICHARD.

AIR *de la valse de Robin des Bois.*

C'est fort heureux... c'est ce que je désire,
De vous parler j'avais aussi dessein.

GUICHARD.

Grand Dieu! que va-t-elle me dire?

Mme GUICHARD, *à Nanette.*

Portez cela chez notre abbé Doucin.

AUGUSTIN.

Allons, papa.

GUICHARD.

C'est une rude tâche.

Je risque fort.

AUGUSTIN.

Que craignez-vous, enfin?

GUICHARD.

Elle pourrait, hélas! si je la fâche,
Me faire faire encor maigre demain.

AUGUSTIN, ÉMILIE, NANETTE.

Laissons-les seuls, que chacun se retire :

De lui parler ma mère / madame } avait dessein.

Est-ce pour nous? / vous? } que va-t-elle lui dire ?

Dans tout cela je crains l'abbé Doucin.

GUICHARD.

Que l'on me laisse, et chacun se retire,
De me parler ma femme avait dessein ;
Je tremble, hélas! que va-t-elle me dire ?
Veut-elle aussi me gronder ce matin ?

Mme GUICHARD.

Laissez-nous seuls, que chacun se retire,
De lui parler aussi j'avais dessein ;
   (A part.)
Monsieur Guichard à mes plans doit souscrire,
Je l'ai promis à notre abbé Doucin.

(*Augustin, Émilie et Nanette sortent.*)

SCÈNE III.

GUICHARD, Mme GUICHARD.

Mme GUICHARD.

Voyons, parlez, M. Guichard... je vous écoute.

GUICHARD.

Moi... je ne sais... je... (*A part.*) Que diable aussi,
me laisser tout seul.

Mme GUICHARD.

Eh bien!

GUICHARD.

Pardon, chère amie... après vous... Vous avez quelque chose à me dire.

Mme GUICHARD.

Oh! c'est fort simple... L'abbé Doucin, qui prend tant d'intérêt à ce qui vous regarde, m'a donné d'excellens conseils pour toute la famille... D'abord pour Augustin... Ce cher enfant!... j'avais des projets sur lui... je pensais à le faire entrer dans les ordres... mais les tems sont mauvais... c'est un état perdu... Et puis, ce qui autre-

fois n'était pas un obstacle, il n'a pas de vocation... vous
le voyez, il aime le monde, le spectacle... Je crois même,
Dieu me bénisse, qu'il est un peu libéral... l'Ecole de
Droit me l'a gâté... il faut donc chercher à le sauver
d'une autre manière, pendant qu'il est encore jeune... et
je ne vois que le mariage.

GUICHARD, *à part.*

Je l'y ai donc amenée... (*Haut.*) Je crois qu'il aimerait
mieux ça.

Mme GUICHARD.

Air *du Pot de fleurs.*

Ah ! je n'en suis pas étonnée !
Cela doit lui sourire assez ;
Lui, qui voit toute la journée
Le bonheur dont vous jouissez.
Le mariage est un état, je pense,
Où l'on fait bien son salut.

GUICHARD.

Je le croi,
Car je sais déjà, quant à moi,
(*A part.*) Qu'on peut y faire pénitence.

Mme GUICHARD.

Nous venons, avec M. l'abbé Doucin, de lui trouver un
excellent parti... Mademoiselle Esther Grandmaison.

GUICHARD.

La fille du receveur-général?... Elle n'est pas jolie.

Mme GUICHARD.

Quatre-vingt mille francs de dot... une piété exem-
plaire, et des espérances!... et une famille si respectable...
Le père a eu le courage de prêter serment contre sa conscience... pour être fidèle à la bonne cause.

GUICHARD.

C'est bien... Mais ma pupille Emilie...

Mme GUICHARD.

J'ai aussi pensé à elle... Je sais combien vous l'aimez ;
et je ne cherche qu'à vous être agréable... Nous lui assu-
rons le sort le plus doux... du repos et de la liberté pour
toute sa vie... A force de protections, je la fais entrer
chez les dames de la rue de Varennes.

GUICHARD.

Au couvent!

Mme GUICHARD.

On viendra la chercher aujourd'hui, à trois heures...
sauf votre approbation, ainsi que pour Augustin... car
vous êtes le maître de votre pupille, et de votre fils...
comme de votre femme.

GUICHARD.

Alors...

Mme GUICHARD.

Ainsi, c'est décidé, c'est convenu... Je vous en pré-
viens... il n'y a plus à revenir... maintenant, voyons,
qu'avez-vous à me dire?

GUICHARD.

Mon Dieu! chère amie... c'était la même chose, à peu
près... seulement...

Mme GUICHARD.

Vous voyez bien que nous sommes toujours d'accord,
et que je ne cherche qu'à vous complaire en tout... Mais
vous, mon ami, ne ferez-vous rien pour moi?

GUICHARD.

Quoi donc, ma bonne?

Mme GUICHARD.

Oh! vous ne pouvez plus vous refuser. Vous savez, ce
don à la paroisse; un marguillier doit donner exemple...
et puis vous ne me refuserez pas.

GUICHARD.

C'est selon... Combien serait-ce?

Mme GUICHARD.

AIR: *Pour le trouver, il faut rester chez soi.* (d'YELVA).
    C'est à peu près...

GUICHARD.

       Parlez, je vous écoute.

Mme GUICHARD.

Vingt mille francs que ça pourra coûter.
Ah! c'est bien peu pour ses fautes.

GUICHARD.

               Sans doute,
Quand on en a beaucoup à racheter.

Moi, qui suis sobre, et jamais ne m'oublie,
Pour mes péchés faut-il payer autant?
Heureux encor, si j'avais, chère amie,
Le droit d'en faire au moins pour mon argent!

MᵐᵉGUICHARD.

Hein, plaît-il?

GUICHARD.

Je verrai... si cela se peut...

Mᵐᵉ GUICHARD, *sévèrement.*

Comment donc?... cela se doit... j'y compte, entendez-vous?... il le faut... (*D'un ton caressant.*) Adieu, mon ami...

GUICHARD.

Adieu, ma bonne.

Mᵐᵉ GUICHARD, *sortant.*

Adieu. (*Elle sort.*)

GUICHARD, *seul.*

Que le diable m'emporte si elle les aura.

SCÈNE IV.

ÉMILIE, GUICHARD, AUGUSTIN.

(*Augustin et Emilie reparaissent de côté, et regardent si Mad. Guichard est partie.*)

AUGUSTIN.

Elle est partie?

EMILIE.

Eh bien, mon tuteur?

GUICHARD.

Ah! voilà les autres.

ÉMILIE.

Vous avez parlé?

GUICHARD.

Certainement.

AUGUSTIN.

Et ça va bien, n'est-ce pas?

GUICHARD, *embarrassé.*

C'est-à-dire... il ne faut pas aller trop vite... cela commence à se débrouiller un peu.

TOUS DEUX.

Ah! tant mieux.

GUICHARD, *à Augustin.*

Toi, d'abord, ta mère n'est pas éloignée de te marier.

AUGUSTIN, *à Émilie.*

Quel bonheur!

GUICHARD.

C'est déjà une bonne chose. Par exemple... il n'y a que la personne sur laquelle vous n'êtes pas d'accord... parce que c'est une autre qu'Émilie.

AUGUSTIN.

Ah! mon Dieu!... Mais vous lui avez dit...

GUICHARD.

Non, je n'ai pas voulu la brusquer... d'autant qu'elle a de très-bonnes intentions pour la petite... Seulement ça ne cadre pas tout-à-fait avec vos idées... vu qu'elle voudrait la faire entrer au couvent.

ÉMILIE.

Moi!

AUGUSTIN, *en colère.*

Tandis qu'on me marierait à une autre... Et vous ne vous êtes pas montré?

GUICHARD.

Est-ce qu'on peut tout faire à la fois?..... En un jour, c'était déjà beaucoup d'avoir obtenu cela!

ÉMILIE.

La belle avance!

AUGUSTIN.

Aussi, c'est votre faute!

GUICHARD.

Comment, c'est ma faute!...

ÉMILIE, *pleurant.*

Vous êtes d'une faiblesse...

GUICHARD, *élevant la voix.*

Ah! c'est comme ça... Eh bien, arrangez-vous... je ne m'en mêle plus... Obligez donc des ingrats, on n'en a que des désagrémens!

AUGUSTIN, *furieux.*

Je n'obéirai pas.

ÉMILIE.

Ni moi non plus.

SCÈNE V.

Les Mêmes, NANETTE, *accourant.*

NANETTE.

Monsieur, monsieur... voilà quelqu'un qui veut voir l'appartement.

GUICHARD.

Allons!... les affaires à présent!... avertis ma femme.

NANETTE.

C'est que le monsieur voudrait louer sans remise et écurie.

GUICHARD.

Qu'est-ce que ça me fait?... je ne demande pas mieux... Mais avertis ma femme... je ne m'en mêle pas. (*Regardant les enfans qui pleurent de côté.*) Je vois qu'il y aura du bruit aujourd'hui... Je m'en vais faire un tour au Luxembourg. (*Il prend sa canne et son chapeau, et se sauve par la porte à gauche.*)

SCÈNE VI.

ÉMILIE, *à droite, pleurant;* AUGUSTIN, *à gauche, essuyant ses yeux;* BREMONT et NANETTE, *entrant par la porte du fond.*

NANETTE, *faisant entrer Brémont.*

Entrez, entrez, monsieur.

BRÉMONT.

C'est bien... Voyons l'appartement.

NANETTE.

Pas encore... dans un instant.

BRÉMONT,

Est-ce que ton maître ne veut pas louer sans remise et sans écurie?

NANETTE.

Si, monsieur, jusqu'à présent... Mais pour qu'il le veuille définitivement, il faut que madame y consente... et je vais la prévenir... Daignez vous asseoir, et l'attendre. (*Elle sort.*)

BRÉMONT *.

Auprès de ces jeunes gens..... Volontiers, car j'ai toujours aimé la jeunesse... Il y a en elle une franchise, une insouciance, une gaîté de tous les momens... (*Apercevant Emilie qui pleure.*) Ah! mon Dieu!... (*Regardant Augustin.*) Et l'autre aussi!..... Eh bien! eh bien!..... (*S'approchant d'eux.*) Qu'est-ce que c'est donc?... Qu'y a-t-il, mes jeunes amis?

AUGUSTIN.

Ses amis...

BRÉMONT.

Pardon... je ne vous connais pas, c'est vrai; mais vous pleurez tous deux, et pour moi on n'est plus étranger dès qu'on a du chagrin..... Moi qui vient de loin, j'en ai eu tant!...

LES DEUX JEUNES GENS *s'approchant de lui.*

Il serait vrai!

BRÉMONT, *leur prenant la main.*

Vous le voyez... voilà déjà la connaissance faite... Il y a du bon dans le malheur, et il ne faut pas trop en médire... Il rapproche, il unit les hommes..... C'est le bonheur qui rend égoïste, et heureusement je vois que nous n'en sommes pas là.

AUGUSTIN.

Il s'en faut.

BRÉMONT.

Je comprends... quelque penchant... quelque inclination contrariée.

AUGUSTIN ET ÉMILIE.

Qui vous l'a dit?

BRÉMONT.

Hélas! j'ai passé par-là.

AUGUSTIN.

Ce pauvre monsieur.

BRÉMONT.

Je n'ai pas toujours eu des rides, des cheveux blancs et une canne... J'étais (*montrant Augustin*) comme mon nouvel ami, vif, ardent, impétueux, et j'avais un cœur... qui est toujours resté le même : il n'a pas vieilli, et cela fait que

---

* Émilie, Brémont, Nanette.

lui et moi nous avons souvent de la peine à nous accorder..... J'aimais, comme vous, une personne charmante (*montrant Emilie*) comme elle.

ÉMILIE.

Et elle vous aimait bien?

BRÉMONT.

Certainement.

AUGUSTIN.

Et vous lui fûtes fidèle ?

BRÉMONT.

Je le suis encore... Je suis resté garçon en l'attendant.

AUGUSTIN.

Ah! que c'est bien à vous... Voilà comme nous ferons... Nous attendrons, s'il le faut, jusqu'à cinquante ans.

ÉMILIE.

Jusqu'à soixante.

BRÉMONT.

C'est le bel âge pour aimer..... Personne ne vous dérange, ni ne vous distrait.

AUGUSTIN.

Et pourquoi ne l'épousez-vous donc pas?

BRÉMONT.

Qui donc ?

ÉMILIE.

Elle... la jeune personne ?

BRÉMONT.

Ah !c'est qu'elle s'est mariée.

TOUS DEUX.

Quelle horreur !...

BRÉMONT.

Pour obéir à sa mère. Moi je n'étais qu'un pauvre artiste... qui a quitté la France, avec mon violon et l'espérance ..... Tous les soirs je jouais, avec variations :

> Vivre loin de ses amours,
> N'est-ce pas mourir tous les jours ?

J'ai vécu comme cela une quarantaine d'années ; donnant desconcerts à Vienne , à Berlin, à Saint-Pétersbourg, où ils m'ont gardé... Et à force d'avoir appuyé sur la chanterelle, j'ai acquis quelque fortune... une fortune d'artiste que j'ai conquise sur l'étranger, et que je viens manger en France... car on peut vivre loin de la patrie, mais c'est là qu'il faut mourir !... Et ce beau pays m'a tant fait de plaisir à revoir !

ÉMILIE.

Vous avez dû le trouver bien changé ?

BRÉMONT.

Mais, non... C'est exactement la même chose, comme de mon tems... J'y ai vu partout les couleurs que j'y avais laissées... Partout, même enthousiasme pour la gloire et la liberté... Tout y est de même... tout y est jeune, excepté moi !... Mais, voyez, mes enfans, comme l'amour et la vieillesse vous rendent bavards... Je voulais savoir votre histoire, et je vous raconte la mienne... A votre tour, maintenant.

AUGUSTIN.

Ah ! oui... Votre confiance fait naître la nôtre.

ÉMILIE.

Et nous vous aimons déjà.

BRÉMONT.

J'en étais sûr.

AUGUSTIN.

Apprenez donc que c'est ma mère...

ÉMILIE.

Oui, sa mère... Mme Guichard, qui ne veut pas nous marier.

BRÉMONT.

Madame Guichard !...

ÉMILIE.

Qu'avez-vous donc ?

BRÉMONT.

Rien... Il y a tant de Guichards..... et ce ne peut pas être la fille de Mme Beauménil.

AUGUSTIN.

Si vraiment.

BRÉMONT.

Rose !...

AUGUSTIN.

Ma mère.

BRÉMONT, *à Augustin.*

Votre mère !... est-il possible !... Que je vous regarde encore !... Un joli garçon !... Et votre père, M. Guichard, le médecin... existe-t-il encore?

AUGUSTIN.

Oui, monsieur.

BRÉMONT, *après un soupir.*

Ah ! tant mieux.

ÉMILIE.

C'est lui qui ne demanderait pas mieux que de nous unir... Mais, qu'avez-vous donc?

BRÉMONT.

Ce n'est rien, mes amis, ce n'est rien..... un peu de trouble... d'émotion.

AUGUSTIN.

On dirait que vous connaissez toute ma famille.

BRÉMONT.

C'est vrai... je suis un ancien ami dont vous avez peut-être entendu parler... Émile Brémont.

ÉMILIE.

M. Emile Brémont !... Ah ! si vous pouviez parler en notre faveur ?

BRÉMONT.

Je le ferai... comptez-y... et j'ose vous répondre du succès... Mais, voyez-vous, mes chers enfans, j'ai besoin d'un moment pour me remettre. (*Les enfans s'éloignent.*) (*A part.*) Pauvre Rose! quelle surprise !... quelle joie !... (*Haut à Augustin et à Emilie.*) Mais surtout ne dites pas que c'est moi... Votre mère va venir pour cet appartement.

AIR *de Partie et Revanche.*

Mon cœur bat d'espoir et d'attente,
Je crois qu'il a toujours vingt ans...
Mais mes jambes en ont soixante.

(*Augustin lui présente un fauteuil.*)

Et maintenant laissez-moi, mes enfans.

(*Les jeunes gens remontent le théâtre.*)

(*A part, et s'asseyant.*)

Elle va venir... du courage...

ÉMILIE, *s'approchant de lui, et lui prenant la main.*

Quoi, vous tremblez ?

BRÉMONT.

C'est possible. (*A part.*) Entre nous,

On peut bien trembler, à mon âge,

Quand vient l'instant d'un rendez-vous.

AUGUSTIN, *à Émilie qui s'est retirée au fond à droite.*

Est-il singulier, notre nouvel ami !

ÉMILIE.

Oui ; mais il a l'air d'un honnête homme... et puis il parlera pour nous.

AUGUSTIN.

Et ces papiers que tu devais lui remettre ?

ÉMILIE.

Je vais les chercher.

AUGUSTIN.

Et moi je vais travailler. (*Il entre dans sa chambre à droite, tandis qu'Emilie sort par la porte du fond à gauche.*)

SCÈNE VII.

BRÉMONT, *seul, assis.*

Je vais la voir !..... Ce mot seul me rend toutes mes illusions et me transporte en idée au moment où je l'ai quittée... où je l'ai vue pour la dernière fois... dans cette petite chambre bleue avec des draperies blanches... au cinquième étage... et ce cabinet dont la porte fermait si mal... et mon voyage aérien... sur ce pont périlleux, suspendu d'une fenêtre à l'autre, et où je marchais avec tant d'audace... je m'y vois... (*Se levant et chancelant.*) J'y suis... j'y marcherais encore... avec ma canne... car cette gentille Rose, je l'aime comme autrefois... et elle aussi, j'en suis sûr... Elle est comme moi... elle n'a pas changé... elle me l'avait promis... Je la vois encore... ce regard si tendre... cette jolie taille... (*Avec la plus tendre expression.*) Ah ! Rose !... Rose !... quels souvenirs !... (*On entend Mme Guichard qui parle haut dans l'intérieur, et qui bientôt paraît à la porte du fond.*) On vient... (*D'un air fâché.*) Quelle est cette dame, et que me veut-elle ?...

SCÈNE VIII.

Mme GUICHARD, BRÉMONT.

Mme GUICHARD.

Votre servante, monsieur... C'est vous, m'a-t-on dit, qui voulez louer mon appartement?

BRÉMONT, *stupéfait, et la regardant avec émotion.*

Comment!... c'est vous, madame, qui êtes Mme Guichard?

Mme GUICHARD.

Oui, monsieur.

BRÉMONT, *avec découragement.*

Ah! mon Dieu!... (*La regardant de nouveau.*) Cependant, il y a encore quelque chose... et nos cœurs, du moins... nos cœurs... oh! ils ne sont pas changés.

Mme GUICHARD.

Vous avez vu l'antichambre... c'est ici le salon... à droite, la chambre de mon fils... par ici, salle à manger... d'autres chambres à coucher... cabinet de toilette... dégagemens. (*Elle passe à la gauche de Brémont.*)

BRÉMONT *passe à droite.*

C'est inutile... je n'ai pas besoin d'en voir davantage... l'appartement me convient.

Mme GUICHARD.

Oui... mais vous parlez d'en détacher la remise et l'écurie... cela n'est pas possible.

BRÉMONT.

Permettez...

Mme GUICHARD.

Je ne pourrai jamais les louer séparément.

BRÉMONT.

Je les prendrai donc, quoique je n'en aie pas besoin.

Mme GUICHARD.

Il y aurait alors moyen de s'arranger... monsieur pourrait les payer et ne pas les prendre, ou les sous-louer... je ne le force pas... il est le maître.

BRÉMONT.

Vous êtes trop bonne... c'est donc une affaire conclue?

Mᵐᵉ GUICHARD.

Pas encore... on ne loue pas ainsi, sans connaître...
sans prendre des informations... Je demanderai quel est
l'état, la profession de monsieur?

BRÉMONT, *à part.*

Ah! cela va lui rappeler... (*Haut.*) Musicien.

M ᵐᵉ GUICHARD, *effrayée.*

Ah!... mon Dieu!...

BRÉMONT.

AIR *du Baiser au porteur.*

A ce mot seul elle est déjà tremblante,
De souvenir tous ses sens sont émus.

Mᵐᵉ GUICHARD, *à part.*

Musicien!... Ce mot seul m'épouvante...
Un logement de mille écus!

BRÉMONT.

Aux beaux arts vous ne croyez plus.

Mᵐᵉ GUICHARD.

Il faut avoir un peu de méfiance,
Je risquerais trop de perdre.

BRÉMONT.

(*A part.*)   Ah! grands Dieux!
Rose jadis avait moins de prudence,
Et nous y gagnions tous les deux.

Je paierai six mois d'avance.

Mᵐᵉ GUICHARD, *d'un air aimable, et lui offrant une chaise.*

Vraiment!... asseyez-vous donc, je vous en prie...
(*Brémont refuse honnêtement.*) Ce que j'en dis n'est pas par
crainte... la meilleure garantie est dans les manières et
la physionomie... de monsieur.

BRÉMONT, *la regardant tendrement.*

Vous trouvez.... Allons, voilà un peu de sympathie
qui revient... une sympathie arriérée.

Mᵐᵉ GUICHARD *tire sa tabatière et offre du tabac à Brémont.*

Monsieur... en usez-vous?

BRÉMONT, *la regardant avec surprise.*

Ah!... Rose prend du tabac...

Mme GUICHARD.

Nous disons donc, mille écus de loyer... trois cents francs de remise... deux cents francs de portes et fenêtres... d'autant qu'ici, nous avons un jour magnifique... Nous avons aussi d'excellens portiers, qui auront pour vous les plus grands égards... et aux fêtes, aux jours de l'an, vous n'êtes obligé à rien envers eux... qu'au sou pour livre... que vous me payez... c'est cinquante écus.

BRÉMONT.

Ah! tout n'est donc pas compris?

Mme GUICHARD.

Vous êtes trop juste pour le supposer... Nous avons aussi le frottage de l'escalier et l'éclairage... deux cents francs.

BRÉMONT.

Comment, madame?

Mme GUICHARD.

Voudriez-vous qu'à votre âge on vous laissât monter un escalier malpropre et mal éclairé... pour vous blesser, vous faire mal?... je ne le souffrirai pas... Je tiens beaucoup à mes locataires... c'est mon devoir... j'en réponds.

BRÉMONT.

Vous êtes bien bonne..... mais voilà des soins et des attentions qui, avec les réparations locatives, font monter mon loyer de mille écus à quatre mille francs.

Mme GUICHARD.

Est-ce donc trop cher pour habiter une maison bien située, bien aérée?..... une maison tranquille et respectable... où l'on tiendra à vous conserver... car je compte bien que vous ferez un bail... et ce sera de six ou neuf, à votre choix.

BRÉMONT.

Permettez... permettez...

Mme GUICHARD.

Quoi! monsieur, vous hésitez à vous engager, à vous enchaîner à nous... quand c'est moi, quand c'est une dame qui vous en prie!..... mais c'est fort mal..... ce n'est pas galant... et j'avais meilleure idée de vous.

BRÉMONT.

Allons... elle est un peu intéressée... mais elle est
toujours bien aimable.

Mme GUICHARD.

Vous acceptez donc... pour neuf ans?

BRÉMONT.

Puisqu'il le faut.

(*Mme Guichard va s'asseoir auprès de la table. Elle met ses
lunettes, et prend la plume. Brémont la regarde, et dit à part :*

Il paraît que Rose... (*Portant la main à ses yeux.*) C'est
peut-être pour cela qu'elle ne m'a pas reconnu.

Mme GUICHARD.

Votre nom, monsieur?

BRÉMONT.

Mon nom?... (*A part.*) Quel effet ça va lui faire!...
(*Haut.*) Mon nom... Brémont.

Mme GUICHARD.

Brémont avec un *t*?...

BRÉMONT, *stupéfait.*

Avec un *t*!

Mme GUICHARD.

Qu'avez-vous donc?

BRÉMONT.

Quoi! ce nom-là vous est-il tellement inconnu que vous
ne sachiez plus comment l'écrire?

Mme GUICHARD.

Que dites-vous?

BRÉMONT.

Avez-vous donc tout-à-fait banni de votre souvenir,
comme de votre cœur, l'ami de votre enfance, le compagnon de vos peines... Émile Brémont?...

Mme GUICHARD.

Émile!... il serait possible!... quoi!... c'est vous?...

BRÉMONT, *avec transport.*

Oui, Rose... oui, c'est moi.

Mme GUICHARD.

Monsieur... un pareil ton...

BRÉMONT.

Convient peu, je le sais, après un si long entr'acte....
mais l'amitié, du moins, l'amitié est de tout âge..... et
n'ai-je pas quelques droits à la vôtre?... Faut-il vous
rappeler et nos sermens et nos premiers amours?

Mme GUICHARD.

Monsieur...

BRÉMONT.

Faut-il vous rappeler un premier retour, non moins
cruel que celui-ci?... et le moyen que j'employai pour
éloigner votre mari?... ma vie que j'exposai pour parvenir jusqu'à la porte de votre chambre, que vous fermiez
en vain, Rose... il n'y avait pas de verrou.

Mme GUICHARD.

Monsieur, le Ciel m'a fait la grâce d'oublier... c'est
comme s'il n'était rien arrivé.

BRÉMONT.

Non... l'on ne perd pas de pareils souvenirs... Dites-
moi seulement que vous ne l'avez pas oublié.

Mme GUICHARD, *émue et hésitant.*

Pas tout-à-fait... et, s'il faut... vous... l'avouer...

SCÈNE IX.

Les Mêmes, NANETTE.

NANETTE.

Madame! madame! voici M. l'abbé Doucin.

Mme GUICHARD.

(*A part.*) Dieu!... (*Haut.*) C'est bien... je sais ce que
c'est... j'y vais... Où est mon fils?...

NANETTE.

Dans sa chambre, à travailler. (*Elle sort.*)

Mme GUICHARD, *s'approchant de la porte qu'elle ferme, et dont elle prend la clef.*

C'est bien... J'aime autant qu'il ne voie pas cette petite Emilie, et qu'ils ne se fassent pas d'adieux... (*A part, jetant un coup d'œil sur Brémont.*) C'est souvent si dangereux... (*Haut, à Brémont, en le saluant.*) Monsieur...

BRÉMONT, *allant à elle, et la ramenant sur le devant du théâtre*

Un mot encore ; car j'ai promis de vous parler en faveur de votre fils, qui est amoureux comme nous l'étions.

Mme GUICHARD.

Encore, monsieur !

BRÉMONT.

Et au nom de notre amitié, de nos anciens souvenirs...

Mme GUICHARD.

Monsieur, je vous prie de croire que je vous conserverai toujours comme ami... et comme locataire... Mais dans ce moment, des devoirs me réclament... On m'attend... permettez que je vous quitte... J'aurai l'honneur de vous voir dans un autre moment.

(*Elle le salue, et sort par la porte du fond à droite.*)

SCÈNE X.

BRÉMONT, *seul.*

Ah ! pourquoi l'ai-je revue ?... moi qui l'avais conservée si tendre, si aimable, si fidèle... Comment lui pardonner la perte de mes illusions ?... moi qui ne vivais que de cela... Et je resterais près d'elle !... Non, non... Je me gâterais peut-être aussi... Les cœurs d'à présent ne sont plus comme ceux de mon tems... Il n'y a plus d'amitié... plus de passion !....

SCÈNE XI.

ÉMILIE, BRÉMONT.

ÉMILIE, *pleurant.*

Ah! mon Dieu!... mon Dieu, je n'y survivrai pas.

BRÉMONT.

Qu'est-ce donc?

ÉMILIE.

M. l'abbé Doucin vient me chercher pour me conduire aujourd'hui même chez les dames de la rue de Varennes.

BRÉMONT.

Pauvre enfant!... Et je conçois que ce lieu-là, ce n'est pas gai.

ÉMILIE.

Fût-ce un désert... un cachot... cela m'est bien égal... Ce n'est pas cela qui me désole...

BRÉMONT.

Et qu'est-ce donc?

ÉMILIE, *sanglotant.*

C'est que je serai loin de lui... et que j'en mourrai de chagrin...

BRÉMONT.

Est-il possible?... Ah! que vous me faites de plaisir.

ÉMILIE.

Eh bien! par exemple... vous que je croyais si bon.

BRÉMONT.

C'est justement pour ça... En voilà donc une qui aime encore... comme de mon tems... du tems du consulat... (*A Emilie.*) Il faut dire que vous ne voulez pas... et moi, je serai là... je vous soutiendrai.

ÉMILIE.

Et le moyen de résister à Mme Guichard... qui m'a élevée... Car j'étais une pauvre orpheline.... la fille d'une de ses anciennes amies... Angélique Gervaise.

BRÉMONT.

Ah! mon Dieu! cette petite Angélique si bonne, si gentille... qui avait toujours des bonnets *à la Marengo?*

ÉMILIE.

Je ne sais pas.

BRÉMONT.

C'est juste.

ÉMILIE.

Mais ce que je sais, c'est qu'elle vous regardait comme son meilleur ami..... et qu'elle ne désirait qu'une chose : c'était de vous voir avant de mourir.

BRÉMONT.

Pauvre Angélique!

ÉMILIE, *lui donnant un paquet cacheté qu'elle apportait, en entrant.*

Pour vous remettre ce dépôt qui vous appartenait, et qu'autrefois, disait-elle, on lui avait confié.

BRÉMONT.

Donnez, donnez, mon enfant... Mes lettres et celles de Rose, qui, lors de mon départ, étaient restées entre ses mains... Pauvre Angélique! celle-là était une amie véritable... Aveugle que j'étais... Le bonheur était près de moi, sur le même pallier...(*Regardant Emilie avec émotion.*) Ç'aurait pu être là ma fille!... Ah! que j'étais insensé!... Il paraît que maintenant on est plus raisonnable.

(*Il reste près de la table, ouvrant plusieurs de ces lettres, qu'il regarde d'un air mélancolique.*)

SCÈNE XII.

EMILIE, BREMONT, *près de la table à droite;* AUGUS-TIN, *frappant à la porte de la chambre.*

AUGUSTIN, *en dehors, frappant à la porte de la chambre à droite.*

Eh bien! eh bien!.... ouvrez-moi donc.

ÉMILIE, *courant à la porte.*

C'est ce pauvre Augustin!... Ah! mon Dieu! la clef n'y est plus... On l'aura enfermé.

BRÉMONT, *sans quitter la lettre qu'il lit.*

C'est tout-à-l'heure, sa mère...

ÉMILIE.

Je l'aurais parié!... C'est pour l'empêcher de me faire ses adieux.

AUGUSTIN, *paraissant à la lucarne qui est au-dessus de la porte.*

Des adieux... Est-ce que tu pars?

ÉMILIE.

A l'instant même... M. Doucin va m'emmener.

AUGUSTIN.

Et je le souffrirais?... Dis–leur que si on t'éloigne de moi, que si on nous sépare... je me brûle la cervelle.

BRÉMONT, *se levant vivement.*

Bien... très-bien.

ÉMILIE.

Y pensez–vous?

BRÉMONT.

Voilà comme j'étais... je me reconnais.

AUGUSTIN.

Mais ce ne sera pas long : attends, attends... Je vais d'abord briser cette porte qui nous sépare.

(*Il frappe contre la porte avec les pieds.*)

BRÉMONT.

Briser les portes!... Ces chers enfans!... (*A Augustin.*) Eh ! non, non... Taisez-vous : on va arriver au bruit.

ÉMILIE.

Il a raison... Mais comment sortir?

AUGUSTIN.

Par escalade !

BRÉMONT.

A merveille.

ÉMILIE.

Il va se faire mal.

BRÉMONT.

Du tout... Il y a un Dieu pour les amoureux ; et avec deux ou trois chaises... A l'escalade !

AUGUSTIN.

C'est juste, à l'escalade !

BRÉMONT, *avec joie.*

A l'escalade ! (*Il prend un fauteuil qu'il va poser contre la porte.*)

ÉMILIE, *montant sur le fauteuil que Brémont vient de mettre contre la porte, et parlant à Augustin.*

Prends bien garde au moins...
(*Brémont qui a été prendre une seconde chaise, la tient encore à la main quand paraît Madame Guichard.*)

SCÈNE XIII.

ÉMILIE , *à droite, debout sur le fauteuil, causant par la lucarne avec Augustin, qui lui baise la main;* BRÉMONT, *tenant une chaise à gauche;* Mme GUICHARD , *entrant par le fond, en se disputant avec M. Guichard.*)

GUICHARD.

Comment ! le nouveau locataire est déjà installé ?

Mme GUICHARD.

Le voilà... (*Regardant.*) Qu'est-ce que je vois !

ÉMILIE.

C'est ta mère. (*Brémont va s'asseoir auprès de la table, et lit tout bas les lettres qu'Emilie lui a remises.*)

Mme GUICHARD, *qui a été prendre Émilie par la main, et qui l'a fait descendre du fauteuil.*

Qu'est-ce que vous faites là, mademoiselle, et qu'est-ce que c'est ? que signifie une conduite pareille ?... (*Pendant ce tems, Guichard va ouvrir la porte à Augustin.*) Regarder ainsi dans la chambre d'un jeune homme... causer avec lui en secret... à l'insu de vos parens... et dans une maison comme la mienne !... Sont-ce là les exemples qu'on vous a donnés ?

BRÉMONT, *ouvrant une lettre qu'il a sous la main, et la lisant à voix haute.*

« Ma mère me défend de te voir, mais je m'en moque ;
» et dès qu'elle sera sortie, cher Émile, je t'en avertirai,
» en laissant la fenêtre ouverte. »

Mme GUICHARD.

O ciel !

GUICHARD, *sortant de la chambre avec Augustin.*

Comment, monsieur...

AUGUSTIN *.

Mais mon père...

Mme GUICHARD.

Taisez-vous... Vous êtes aussi coupable ; n'avez-vous
pas de honte d'un tel oubli de toutes les convenances ?.....
causer un tel scandale... escalader des portes, des fenêtres !

BRÉMONT, *toujours assis près de la table et lisant une autre lettre.*

« Prends garde, cher Émile ; ton audace me fait toujours
» trembler... et si les voisins te voyaient passer sur cette
» planche (*Guichard passe auprès de Madame Guichard.*)
» de ta maison dans la nôtre... comme tu l'as fait hier...»

Mme GUICHARD **.

Ah ! mon Dieu !

GUICHARD, *écoutant, et à Madame Guichard.*

Qu'est-ce que c'est, qu'est-ce que lit ce monsieur ?

BRÉMONT, *sans se lever.*

Un roman par lettres, que je me propose de publier avec
le nom des personnages.

Mme GUICHARD.

Monsieur! ..

BRÉMONT.

Cela dépendra des circonstances... et d'un consentement
que j'attends.

* Augustin, Guichard, Émilie, Mme Guichard, Brémont.
** Augustin, Émilie, Guichard, M^mc Guichard, Brémont.

GUICHARD.

Le consentement de l'auteur ?

BRÉMONT.

Justement.

GUICHARD.

Ce doit être curieux. (*Voulant prendre les lettres.*) Voyons donc ?

Mᵐᵉ GUICHARD, *le retenant.*

Y pensez-vous ? Quelle indiscrétion !

GUICHARD.

Elle ne veut pas que je lise, parce que c'est un roman... Ma femme est d'une rigidité de principes... Elle ne peut pas souffrir les romans.

BRÉMONT, *se levant.*

Je crois qu'elle a tort... Les premiers chapitres sont si amusans...... Quelquefois les derniers sont bien tristes... mais il y a toujours . quand on le veut bien, une leçon morale à en tirer. (*A Mad. Guichard, lui donnant la lettre.*) Tenez, madame, lisez vous-même..... Je vous la confie.

Mᵐᵉ GUICHARD, *troublée et voulant cacher la lettre.*

Monsieur...

BRÉMONT.

Ne craignez rien... J'en ai bien d'autres.

GUICHARD, *à sa femme.*

Lis donc, lis donc, ma bonne.

Mᵐᵉ GUICHARD, *lisant avec émotion.*

« Mon bien-aimé... Mon cher... »

BRÉMONT.

Je vous prie, par exemple, de passer les noms propres...

GUICHARD.

C'est juste... Mon cher... trois étoiles.

BRÉMONT.

Aɪʀ : *Mon père, je viens devant vous.*

(*A demi-voix, à Mad. Guichard, qui achève de lire la lettre tout bas.*)

Du roman de nos premiers ans
Relisez la première page :

(A haute voix, à cause de Guichard, qui s'approche.)
Et puisqu'enfin dans les romans
Tout finit par un mariage...

GUICHARD, ÉMILIE, AUGUSTIN.

Ah! les romans ont bien raison!

(Augustin passe à la gauche de Mad. Guichard, et se met à genoux, tandis qu'Émilie, à sa gauche, en fait autant.)
De grâce, ma femme,
De grâce, madame,
Profitons de cette leçon!

Mme GUICHARD.

Non... non... non... non.

(Pendant ce tems, Brémont a pris le violon, qu'il a aperçu sur la table près de la chambre d'Augustin, et il joue le refrain de l'air:)
« Vivre loin de ses amours,
» N'est-ce pas mourir tous les jours? »

Mme GUICHARD, *seule.*

Souvenir de mes amours,
Vous l'emportez, et pour toujours.

(A Émilie et Augustin.)
Je cède... Dans vos amours
Soyez heureux, et pour toujours.

AUGUSTIN ET ÉMILIE.

Ah! quel bonheur pour nos amours!
Nous sommes unis pour toujours.

GUICHARD ET BRÉMONT.

Ah! quel bonheur pour leurs amours!
Ils sont unis et pour toujours.

ENSEMBLE.

BRÉMONT, *passant auprès d'Augustin et d'Émilie* ⁎.

Allons, tout n'est pas désespéré... Elle est encore sensible... à la musique.

AUGUSTIN, *à Brémont.*

Notre bienfaiteur... notre ami.

ÉMILIE.

Nous vous devons notre bonheur.

AUGUSTIN.

Et nous vous en remercierons en vous aimant toujours.

⁎ Guichard, Mme Guichard, Émilie, Brémont, Augustin.

BRÉMONT, *soupirant*, *et leur prenant la main.*

Toujours ! Encore ce mot-là ! Voilà comme j'étais.

ÉMILIE.

Est-ce que vous n'y croyez pas ?

BRÉMONT.

Si , mes enfans... Être aimé toujours fut le rêve de mes jeunes années... Tâchez que ce soit aussi celui de ma vieillesse... car de toutes les choses impossibles... celle-là est encore la plus douce, et si de cette vie l'amour fut le premier chapitre, que l'amitié en soit le dernier.

CHŒUR.

AIR : *C'est à Paris* (de Caraffa).

Par l'amitié,   (*bis.*)
Que notre vie
Soit embellie ;
Par l'amitié ,   (*bis.*)
Que le passé soit oublié.

Mme GUICHARD , *au public.*

AIR : *Mes yeux disaient tout le contraire.*

Protégez-moi , ne souffrez pas ;
Messieurs , moi qui veux être sage ,
Que j'aille encor faire un faux pas :
Ils sont dangereux à mon âge.
Quand j'en faisais dans mon printems ,
Je m'en relevais, et sans peine...
Mais maintenant j'ai soixante ans,
Et j'ai besoin qu'on me soutienne.

TOUS.

Maintenant elle a soixante ans,
Elle a besoin qu'on la soutienne.

FIN.

RÉPERTOIRE

DU THÉATRE DE S. A. R. MADAME,

PAR

MM. Scribe, Mélesville, G. Delavigne, Mazères, Bayard, Delestre-Poirson, Dupaty, Saintine, Varner, Decourcy, Devilleneuve, Francis, Brazier, Dupin, Carmouche, St.-Laurent, Dumersan, Chabot, De St.-Georges, etc.

GRAND IN-32,

Imprimé par CRAPELET, sur papier jésus vélin satiné.

Prix : 1 fr. la livraison.

CHAQUE PIÈCE SE VEND SÉPARÉMENT.

En Vente :

<table>
<tr><td>1. Le Mariage de Raison.</td><td>41. Coraly.</td></tr>
<tr><td>2. Michel et Christine.</td><td>42. Le Solliciteur.</td></tr>
<tr><td>3. La Lune de Miel.</td><td>43. Yelva, ou l'Orpheline Russe.</td></tr>
<tr><td>4. L'Héritière.</td><td>44. Le Bal Champêtre.</td></tr>
<tr><td>5. La Demoiselle à Marier.</td><td>45. La Charge à Payer.</td></tr>
<tr><td>6. Le Charlatanisme.</td><td>46. Les Manteaux.</td></tr>
<tr><td>7. Simple Histoire.</td><td>47. Les Inséparables.</td></tr>
<tr><td>8. Rodolphe.</td><td>48. La Pension Bourgeoise.</td></tr>
<tr><td>9. Le Coiffeur et le Perruquier.</td><td>49. La Vérité dans le Vin.</td></tr>
<tr><td>10. La Quarantaine.</td><td>50. L'Oncle d'Amérique.</td></tr>
<tr><td>11. L'Ambassadeur.</td><td>51. Le Baron de Trenck.</td></tr>
<tr><td>12. La Belle-Mère.</td><td>52. La Somnambule.</td></tr>
<tr><td>13. La Mansarde des Artistes.</td><td>53. L'Ours et le Pacha.</td></tr>
<tr><td>14. L'Intérieur d'un Bureau.</td><td>54. Le Château de la Poularde.</td></tr>
<tr><td>15. Le Baiser au Porteur.</td><td>55. Les Deux Précepteurs.</td></tr>
<tr><td>16. Le Diplomate.</td><td>56. Le Diner sur l'Herbe.</td></tr>
<tr><td>17. L'Auberge, ou les Brigands.</td><td>57. L'Écarté, ou un Coin du Salon.</td></tr>
<tr><td>18. Une Visite à Bedlam.</td><td>58. Partie et Revanche.</td></tr>
<tr><td>19. La Loge du Portier.</td><td>59. Le Mauvais Sujet.</td></tr>
<tr><td>20. Le Confident.</td><td>60. Le Parlementaire.</td></tr>
<tr><td>21. Les Premières Amours.</td><td>61. L'Avare en Goguette.</td></tr>
<tr><td>22. Le Secrétaire et le Cuisinier.</td><td>62. M. Tardif.</td></tr>
<tr><td>23. Un Dernier Jour de Fortune.</td><td>63. Frontin Mari-Garçon.</td></tr>
<tr><td>24. Vatel.</td><td>64. La suite de Michel et Christine.</td></tr>
<tr><td>25. La Marraine.</td><td>65. Le Ménage de Garçon.</td></tr>
<tr><td>26. Les Grisettes.</td><td>66. La Nouvelle Clary.</td></tr>
<tr><td>27. Le Médecin de Dames.</td><td>67. Les Empiriques d'Autrefois.</td></tr>
<tr><td>28. Les Femmes Romantiques.</td><td>68. Rossini à Paris.</td></tr>
<tr><td>29. La Haine d'une Femme.</td><td>69. Trilby, ou le Lutin d'Argail.</td></tr>
<tr><td>30. La Maîtresse au Logis.</td><td>70. Le Bon Papa.</td></tr>
<tr><td>31. Le Mal du Pays.</td><td>71. Le Fondé de Pouvoirs.</td></tr>
<tr><td>32. Le Vieux Mari.</td><td>72. La Manie des Places.</td></tr>
<tr><td>33. La Chatte.</td><td>73. Les Moralistes.</td></tr>
<tr><td>34. Le Plus Beau Jour de la Vie.</td><td>74. Malvina.</td></tr>
<tr><td>35. Le Nouveau Pourceaugnac.</td><td>75. Théobald.</td></tr>
<tr><td>36. Les Adieux au Comptoir.</td><td>76. Mme de Sainte-Agnès.</td></tr>
<tr><td>37. Les Elèves du Conservatoire.</td><td>77. La Bohémienne.</td></tr>
<tr><td>38. Le Menteur Véridique.</td><td>78. Le Leycester du faubourg.</td></tr>
<tr><td>39. La Demoiselle et la Dame.</td><td>79. Le Plan de Campagne.</td></tr>
<tr><td>40. Le Comte Ory.</td><td>80. L'Assurance.</td></tr>
</table>

CHEZ

POLLET, *rue du Temple*, n° 36.

HOUDAILLE et VENIGER, *rue du Coq-St.-Honoré*, n° 6.

BARBA, *au Palais-Royal, galerie de Chartres.*

LE PRINCE,

QU'EST-CE QUE CELA VEUT DIRE?

Les trois Maîtresses, Acte II, Sc. XIV.

LÈS
TROIS MAITRESSES,

OU

UNE COUR D'ALLEMAGNE,

COMÉDIE-VAUDEVILLE EN DEUX ACTES;

Représentée pour la première fois, à Paris, sur le théâtre
du Gymnase dramatique, le 24 janvier 1831.

Scribe

EN SOCIÉTÉ AVEC M. BAYARD.

3

PERSONNAGES.

LE GRAND-DUC FERDINAND, prince souverain.
LE COMTE DE HARTZ, surintendant des menus-plaisirs.
LA COMTESSE D'AREZZO, maîtresse du grand-duc.
RODOLPHE, neveu du comte.
AUGUSTA, première cantatrice du Théâtre-Italien.
HENRIETTE, couturière.
OFFICIERS.
SOLDATS.
PEUPLE.

La scène se passe dans une petite principauté allemande.

LES

TROIS MAITRESSES.

ACTE PREMIER.

Le théâtre représente un salon meublé simplement; porte au fond; deux portes latérales. A gauche de l'acteur, une petite porte secrète. Du même côté, et sur le devant, une petite table. Une psyché près de la porte du cabinet à droite.

SCÈNE PREMIÈRE.

HENRIETTE, LE GRAND-DUC, LE SUR-INTENDANT.

HENRIETTE.

Par ici, messieurs, je remonte dans l'instant, je suis bien fâchée de vous faire attendre.

LE SURINTENDANT.

C'est tout naturel... une jeune et jolie couturière, aussi occupée que vous l'êtes.

HENRIETTE.

J'ai en bas, au magasin, des dames de la cour qui viennent essayer des robes nouvelles.

LE GRAND-DUC, vivement.

De jeunes dames?

HENRIETTE.

Non ; quarante-cinq à cinquante ans!... A cet âge-
là, cela ne va jamais bien. Les ouvrières ont bien
plus de peine ; et ce sera peut-être un peu long.

LE GRAND-DUC.

Qu'importe! nous sommes ici à merveille.

HENRIETTE.

Si, en attendant, ces messieurs veulent s'asseoir.
Votre servante, messieurs, je reviens le plus tôt possible.

(Elle sort par le fond)

SCÈNE II.

LE GRAND-DUC, LE SURINTENDANT.

LE SURINTENDANT, au grand-duc qui regarde sortir Henriette.

Eh bien! qu'en dit votre altesse ?

LE GRAND-DUC.

Très jolie, et il n'y a que vous, mon cher comte,
pour faire de pareilles découvertes.

LE SURINTENDANT.

Et puis une candeur, une naïveté, un cœur qui
n'a jamais parlé.

LE GRAND-DUC.

Air du Piége.

Vous en êtes sûr, mon ami ?

LE SURINTENDANT.

De sa candeur, de sa constance ?
Oui, j'en réponds.

LE GRAND-DUC.

C'est bien hardi :
Vous vous risquez beaucoup, je pense.
Oser répondre, en vos sermens,
De la fidélité d'une autre,
C'est déjà trop, messieurs les courtisans,
D'oser répondre de la vôtre.

LE SURINTENDANT.

Ai-je jamais trompé votre altesse ?

LE GRAND-DUC.

Non pas vous ; mais... (vivement.) Du reste, vous
êtes certain qu'on ne nous a pas vus sortir du palais ?

LE SURINTENDANT.

Oui, monseigneur.

LE GRAND-DUC.

Il ne faudrait pas que cette aventure, que je commence à trouver fort piquante, vînt aux oreilles de
la comtesse d'Arezzo.

LE SURINTENDANT, à part.

Une femme qui m'a empêché d'être ministre ! mais
je me venge. (Au prince.) Votre altesse l'aime donc toujours ?

LE GRAND-DUC.

Moi ?... mais non ; je crois même qu'au contraire...

LE SURINTENDANT, d'un air brusque.

Eh bien, moi, je vous dirai la vérité, parce que
je n'ai jamais flatté personne. Vous êtes trop bon,
trop grand, trop généreux, vous vous fâcherez si
vous voulez, peu m'importe.

LE GRAND-DUC.

Non, mon ami, je ne vous en veux point de votre
brusque franchise. Achevez.

LE SURINTENDANT.

Eh bien! elle éloigne du pouvoir tous les gens de mérite; elle prétend que c'est elle qui gouverne.

LE GRAND-DUC.

Ce n'est pas vrai, c'est toujours moi qui règne... après ça, j'en conviens, cela continue avec la comtesse, parce que cela est... il est si difficile de prendre un parti... je l'ai beaucoup aimée... ce sont des titres... une femme charmante, d'une illustre famille, une ame de feu... une Napolitaine, c'est tout dire. Il y a même des jours où je l'aime encore.... et, pour en finir, j'ai eu même un instant envie de l'épouser.

LE SURINTENDANT.

De la main gauche.

LE GRAND-DUC.

C'est elle qui n'a pas voulu.

LE SURINTENDANT.

Quelle idée, mon prince.

LE GRAND-DUC.

J'aurais pu faire un plus mauvais choix, la comtesse est une femme d'un mérite supérieur, et de fort bon conseil; elle entend aussi bien que moi les affaires diplomatiques, dont, par parenthèse, je ne m'occupe jamais sans avoir la migraine.

LE SURINTENDANT.

C'est autre chose, si elle vous tient lieu d'un ministre des affaires étrangères.

LE GRAND-DUC.

Précisément... c'est une économie; les ministres sont si chers!

LE SURINTENDANT.

Et les maîtresses donc !

LE GRAND-DUC.

Raison de plus pour réunir les deux charges en une, le peuple y gagne... Et vous qui parlez, rigide conseiller, ne dit-on pas que cette jeune cantatrice française qui vient de débuter sur mon théâtre italien...

LE SURINTENDANT, avec émotion.

La petite Augusta !

LE GRAND-DUC.

Oui, elle me plaisait beaucoup ; j'y avais pensé pour moi ; mais j'ai appris que vous l'adoriez.

LE SURINTENDANT, s'inclinant.

Ah ! prince ! Il ne fallait pas pour cela...

LE GRAND-DUC.

Si vraiment, comme surintendant des menus plaisirs, cela vous revient de droit, ce serait attenter aux prérogatives de mes grands officiers.

Air du vaudeville de l'Actrice.

Contre les bourgeois, quoi qu'on ose,
On est le maître ; et rien de mieux...
Les grands seigneurs, c'est autre chose,
Et j'ordonnerai, je le veux,
Que l'on respecte la personne
Et le front des gens comme il faut ;
Quand cela vient si près du trône,
Cela pourrait monter plus haut.

LE SURINTENDANT.

Ah ! monseigneur ! j'ai besoin de vous le dire ; vous êtes le meilleur des souverains.

LE GRAND-DUC, *s'attendrissant.*

Oui, oui, je crois que je suis bon prince, surtout pour ceux qui, comme vous, s'occupent de mes plaisirs ; richesses, honneurs, dignités, ils ont droit de tout attendre.

LE SURINTENDANT.

Ah ! monseigneur !

LE GRAND-DUC.

C'est trop juste. A quoi donc serviraient les impôts si ce n'était à moi et à mes amis ? Tout ce que je demande à mon peuple, c'est de me laisser régner tranquille... Et j'espère que vous avez fait exécuter mes ordres contre l'école des Porte-Enseignes, contre ces jeunes gens !

LE SURINTENDANT.

Oui, monseigneur ; les chefs ont été mis en prison, et défense aux autres d'approcher à plus de vingt lieues de votre capitale, et, quoiqu'il y en ait qui disent que cela nuira à leurs études...

LE GRAND-DUC.

Ce n'est pas un grand mal, on en sait déjà trop dans mes états. Cela gagne même les hautes classes ; car, dans la liste de ces jeunes séditieux, j'ai vu entre autres, ce qui m'a fort étonné, le jeune Rodolphe de Strobel.

LE SURINTENDANT.

Lui ! qui ne s'occupe que de femmes, qui leur a sacrifié sa fortune !

LE GRAND-DUC.

Lui-même. Votre neveu.

LE SURINTENDANT.

Mon neveu!... Il ne l'est plus! Et j'appellerai sur lui, s'il le faut, toute la rigueur de votre altesse.... Voilà comme je suis, c'est la seule faveur que je demande.

LE GRAND-DUC.

Voilà, mon cher comte, un noble et beau caractère! C'est du Brutus.

LE SURINTENDANT.

Du Brutus monarchique.

Air : De cet amour vif et soudain (de CAROLINE).

Par des torts dont je me défends
Si cette parenté m'accuse,
Les services que je vous rends
Peuvent me compter pour excuse.

LE GRAND-DUC, apercevant Henriette.

Si je m'en souvenais encor,
Tenez, voilà que je l'oublie;
Comment se rappeler un tort,
Lorsque l'excuse est si jolie?

SCÈNE III.

LES PRÉCÉDENS; HENRIETTE.

HENRIETTE.

Enfin, ces dames sont parties, ce n'est pas sans peine; et me voilà tout à vous. Que désirent ces messieurs.

LE GRAND-DUC, la regardant.

Ce que nous désirons? Eh! mais, ce serait facile à vous dire.

HENRIETTE.

Vous m'avez parlé de robes de cour.

LE GRAND-DUC.

Oui, robes de cour... robes de bal...

HENRIETTE.

Et combien ?

LE GRAND-DUC.

Ce que vous voudrez. Une ou deux douzaines.

HENRIETTE.

Ah ! mon Dieu ! c'est donc pour un mariage ?

LE SURINTENDANT, avec sang-froid.

Oui, mademoiselle, à peu près.

HENRIETTE.

Et qui me procure une commande pareille?... Car c'est presque une fortune... et je ne connaissais pas ces messieurs.

LE GRAND-DUC.

Oui, mais nous, nous connaissions vos talens, votre gentillesse.

LE SURINTENDANT.

Vos principes.

HENRIETTE

Dame ! je travaille toujours en conscience ; et je prends toujours le moins que je peux.

LE GRAND-DUC.

C'est un tort. Vous êtes donc bien riche ?

HENRIETTE.

Moi, riche ! Je n'ai rien. Mon père, qui était un brave officier, a été tué à l'armée, et m'a laissé pour unique héritage le souvenir de ses exploits, son épaulette et son épée... Ça ne pouvait guère servir à une fille.

LE SURINTENDANT.

Non, certainement.

HENRIETTE.

Il fallait donc implorer la pitié ou l'orgueil de quelques grandes dames, ou entrer à leur service... Par bonheur, je savais coudre et broder... et cela vaut mieux.

AIR nouveau de madame DUCHAMBGE.

Jeune et maîtresse
De ma liberté,
J'ai pour richesse
Travail et gaîté.

Toute la semaine
Si j'ai travaillé,
Que dimanche vienne,
Tout est oublié.

Jeune, et maîtresse
De ma liberté,
J'ai pour richesse
Travail et gaîté.

Aujourd'hui, je pense,
Humble est mon destin ;
Mais j'ai l'espérance
Qui me dit : demain.

Jeune, et maîtresse
De ma liberté,
J'ai pour richesse
Travail et gaîté.

A la fin de ce couplet, le surintendant passe à la droite du prince.)

LE GRAND-DUC.

Et jamais vous n'avez eu d'ambition !

HENRIETTE.

Si, une fois. J'ai dans mes pratiques la signora

Augusta, cette jeune cantatrice du Théâtre-Italien, qui me commande toujours de si belle robes.

LE GRAND-DUC.

Qu'elle vous doit peut-être!...

HENRIETTE.

Non, vraiment. On m'envoie toujours le mémoire acquitté.

LE GRAND-DUC.

Vous ne savez pas par qui?

HENRIETTE.

Mon Dieu, non...

LE GRAND-DUC, bas au surintendant, qui est venu à sa droite.

Vous le savez peut-être?

LE SURINTENDANT, de même.

Hélas, oui!

HENRIETTE.

En la voyant toujours arriver dans de si beaux équipages, je me disais : S'il ne faut que chanter pour faire fortune, moi aussi, j'ai de la voix. Et il doit être plus agréable de faire des roulades que des corsages. Mais je n'y ai pensé qu'un instant, et je suis revenue à mes robes et à mes patrons, parce qu'on dit que c'est plus sûr, et que si ça ne rapporte pas tant, cela coûte moins cher.

LE GRAND-DUC.

Certainement.... Mais il y a pour vous d'autres moyens d'être heureuse.

HENRIETTE.

Vous croyez?

LE GRAND-DUC.

Supposons, par exemple, qu'il ne tînt qu'à vous de désirer, qu'est-ce que vous demanderiez?

HENRIETTE.

Une chose, une seule chose au monde.

LE SURINTENDANT.

Un bel équipage, comme la signora Augusta?

HENRIETTE.

Non, vraiment.

LE GRAND-DUC.

De l'or, des diamans?

HENRIETTE.

Oh! mon Dieu, non.

LE SURINTENDANT.

De riches toilettes, des parures?

HENRIETTE.

Du tout, j'en fais tous les jours, je sais ce que c'est.

LE GRAND-DUC.

Eh bien, alors, que pouvez-vous désirer?

HENRIETTE.

Eh! mais, c'est mon secret, et je ne suis pas obligée de le dire.

LE GRAND-DUC.

Comment...

HENRIETTE.

Dans quel goût ces messieurs veulent-ils les robes qu'ils demandent?

LE GRAND-DUC, désignant le surintendant.

Je vais m'entendre pour cela avec monsieur.

(Il gagnent la gauche du théâtre, pendant qu'Henriette va vers la droite.)

LE SURINTENDANT, bas.

Eh bien?

LE GRAND-DUC, de même.

Charmante. Le difficile est de l'introduire dans le palais, de la faire paraître à la cour, sans que la comtesse...

LE SURINTENDANT.

Il y aurait un moyen; votre tante, la princesse Ulrique, qui aime à s'entourer de jeunes dames. Et la fille d'un ancien officier...

LE GRAND-DUC.

Excellente idée!

HENRIETTE, venant à eux.

Eh bien! messieurs, ces robes...

LE GRAND-DUC.

Dans le dernier goût.

HENRIETTE.

Je les ferai à la française. Pour une duchesse, peut-être?

LE GRAND-DUC.

C'est possible.

HENRIETTE.

Et la mesure?

LE GRAND-DUC.

Faites-les comme pour vous, car la personne à qui on les destine est exactement de votre taille, et vous ressemble beaucoup.

HENRIETTE.

Aïr: Restez, restez, troupe jolie.

Ah! la rencontre est admirable!

LE GRAND-DUC.

Voilà ses traits, voilà ses yeux.

HENRIETTE.

Mais pour moi c'est fort honorable.

LE GRAND-DUC.

Et pour elle c'est fort heureux.

HENRIETTE.

Ah! si je pouvais... quelle ivresse!
Changer avec elle.

LE GRAND-DUC.

Entre nous,
Je connais plus d'une duchesse
Qui voudrait changer avec vous.

HENRIETTE.

Si ces messieurs veulent choisir des étoffes, voici
des échantillons qu'on leur apporte.

SCÈNE IV.

Les précédens; UNE FILLE DE BOUTIQUE, posant un
carton d'échantillons.

HENRIETTE.

Donnez. C'est le carton n° 2; et cette lettre?

LA FILLE DE BOUTIQUE.

C'est pour mademoiselle.

HENRIETTE, la regardant.

Dieu! c'est son écriture!

LE GRAND-DUC.

Qu'est-ce donc ?

HENRIETTE, ouvrant le carton qu'elle leur présente.

Rien. Si ces messieurs veulent voir ce qui leur plairait.

LE GRAND-DUC.

Nous allons choisir avec vous.

HENRIETTE.

Je le voudrais; mais je ne le puis, des affaires importantes...

LE GRAND-DUC.

Alors, nous nous en rapportons à vous.

HENRIETTE.

Eh bien, je ferai de mon mieux; je vous demande pardon de ne pas vous reconduire... (A la fille de boutique.) Mina, accompagnez ces messieurs.

LE SURINTENDANT, bas au grand-duc.

Il me semble qu'on nous met à la porte.

LE GRAND-DUC.

C'est égal, elle est charmante. Comte, je vous nomme premier chambellan.

LE SURINTENDANT.

J'accepte, et je crois le mériter; sans cela, et pour rien au monde...

LE GRAND-DUC.

Partons. (A Henriette.) Je suis content de ce que j'ai vu.

Air : Garde à vous (de LA FIANCÉE).

Au revoir !
On peut, mademoiselle,
Compter sur votre zèle ?

HENRIETTE.

Monsieur, c'est mon devoir.

LE GRAND-DUC.

Au revoir, à ce soir.

HENRIETTE.

A ce soir !

LE GRAND-DUC.

J'ai des projets, ma belle ;
Et cet ami fidèle
Vous les fera savoir,
    Au revoir.

HENRIETTE.

Au revoir.

ENSEMBLE.

HENRIETTE.

    Au revoir,
    Au revoir,
    Au revoir.

LE GRAND-DUC.

J'ai des projets, ma belle,
Et cet ami fidèle
Vous les fera savoir.
    Au revoir.

LE SURINTENDANT, à part.

Servons cette intrigue nouvelle ;
Et les projets qu'il a sur elle,
    Vont combler mon espoir.

    (Haut.)

    Au revoir !

(Le grand-duc et le surintendant sortent.)

SCÈNE V.

HENRIETTE, SEULE.

C'est bien heureux, ils s'en vont... C'est de lui!...
c'est de Rodolphe!... lisons vite. (Décachetant la lettre.)
Depuis un mois qu'il est absent. (Lisant.) « Ma bonne,
« ma gentille Henriette.

AIR : Adieu Madelaine (de madame DUCHAMBGE).

« Je reviens près de ce que j'aime,
« Et j'espère que ton ami
« Pourra te voir aujourd'hui même,
« A deux heures. » (S'interrompant.) Nous y voici.
    L'heure s'avance,
    Et quand j'y pense,
Mon cœur bat d'amour et d'espoir.
    Bonheur suprême !
      Toi que j'aime,   (bis.)
    Je vais te voir.

DEUXIÈME COUPLET.

(Lisant.)

« Pour un dessein que je projette,
« L'on doit me croire encore absent ;
« Et c'est par ta porte secrète
« Que j'arriverai. » (S'interrompant.) C'est charmant.
    L'heure s'avance,
    Et quand j'y pense,
Mon cœur bat d'amour et d'espoir...
    Bonheur suprême !
      Toi que j'aime,   (bis.)
    Je vais te voir.

      (On frappe à la petite porte à gauche de l'acteur.)

Ah! c'est lui!...

                              (Elle court ouvrir.)

SCÈNE VI.

HENRIETTE, RODOLPHE, ENVELOPPÉ D'UN MANTEAU
QU'IL JETTE EN ENTRANT.

RODOLPHE, la serrant dans ses bras.

Ma chère Henriette!

HENRIETTE.

Vous voilà donc!... que je vous regarde... est-ce
bien vous?

RODOLPHE.

Oui; c'est celui qui t'aime plus que jamais, et qui
avait bien besoin de te voir.

HENRIETTE.

Et moi donc, ah! que c'est long un mois à attendre!... et pas une seule lettre.

RODOLPHE.

Je ne le pouvais pas.

HENRIETTE.

Vous étiez donc bien occupé?

RODOLPHE.

Mais.... oui.

HENRIETTE.

Qu'importe? D'écrire à ce qu'on aime, cela ne
prend pas de temps, c'est comme d'y penser. Et vos
mathématiques? êtes vous bien savant? cela me fait
peur.

RODOLPHE.

Et pourquoi?

HENRIETTE.

Je crains qu'en apprenant tant de choses, vous
ne finissiez par m'oublier... j'en mourrais, d'abord.

RODOLPHE.

Ma chère Henriette!

HENRIETTE.

Moi, je n'en sais qu'une, que vous m'avez apprise;
mais je la sais bien, c'est de vous aimer, Rodolphe.

RODOLPHE.

Ah! que tu es bonne! Vois-tu, Henriette, quand
je t'entends parler ainsi, je ne désire plus rien au
monde, ton amour me suffit.

HENRIETTE, gaîment.

C'est heureux, car nous n'avons rien; mais quand
on est jeune, et qu'on s'aime, l'avenir n'est jamais
effrayant. Je travaillerai, vous donnerez des leçons,
et quand nous serons assez riches, nous nous épou-
serons. Ah! dame! ce sera peut-être dans bien long-
temps; mais nous nous aimerons en attendant, pour
prendre patience.

RODOLPHE.

Ah! si ce n'était que cela.

HENRIETTE.

Et qu'y a-t-il donc?

RODOLPHE.

Il y a, Henriette, que je crains bien...

HENRIETTE.

Et quoi donc? pourquoi ce trouble où je vous
vois? cet air mystérieux? et puis les précautions que
vous avez prises pour entrer par cet escalier dérobé?

RODOLPHE.

Écoute, tu n'auras pas peur ? je vais te dire la vérité, je suis poursuivi.

HENRIETTE.

Vous ! mon bon Dieu !

RODOLPHE.

N'as-tu pas entendu parler, il y a un mois, de
quelques troubles assez sérieux qui avaient éclaté
dans cette résidence, à l'école des Porte-Enseignes ?

HENRIETTE.

C'est vrai.

RODOLPHE.

C'était nous autres sous-officiers, qui réclamions
pour le peuple ses priviléges et ses franchises.

HENRIETTE.

Et en quoi cela vous regardait-il ?

RODOLPHE.

Tu auras peut-être de la peine à me comprendre ;
mais, vois-tu, Henriette, la liberté, cela regarde tout
le monde ; on nous en avait promis, il y a quelques
années, quand Napoléon avait envahi notre Allemagne,
et qu'on voulait nous soulever en masse contre lui.
Mais dès qu'on eut répoussé le tyran, nos petits princes
et nos petits grands-ducs, qui étaient tous comme
lui, à la hauteur près, ont bien vite oublié leurs ser
mens. Quand quelques-uns de leurs sujets se plaignent
de ce manque de mémoire, on les appelle séditieux...
et on les poursuit... et on les condamne... et ils ont
tort, jusqu'au jour où ils deviennent les plus forts...
et alors, ils ont raison.

HENRIETTE.

Ah! monsieur, qu'est-ce que j'entends-là?

RODOLPHE.

Il n'y a pas de quoi s'effrayer, il ne s'agit que d'attendre.

Air de la Robe et les Bottes.

Le torrent grossit et nous gagne.
Chaque pays a sa force et son droit;
Bientôt viendra pour l'Allemagne
La liberté que l'on nous doit.
Ces rois dont nous craignons le glaive,
Combien sont-ils?... Peuples, combien?
On se regarde, on se compte, on se lève,
Et chacun rentre dans son bien.

HENRIETTE.

Et pourquoi vous mêlez-vous de ça?

RODOLPHE.

Parce que moi, surtout, il le faut!

HENRIETTE.

Et pourquoi le faut-il?

RODOLPHE.

Ce serait trop long à t'expliquer, je te dirai seulement qu'il y a un mois, je reçois un avis mystérieux, qui me disait : « Vous êtes dénoncé; et d'ici
à une heure on doit vous arrêter, fuyez. »

HENRIETTE.

Ce que vous avez fait sur-le-champ?

RODOLPHE.

Non, je suis venu d'abord ici te rassurer sur mon
absence, t'annoncer que je partais pour Leipsick.....
On a tant de choses à se dire quand on se quitte,
qu'une heure s'est bien vite écoulée, et je n'avais

pas fait dix pas dans la rue, que je suis arrêté, jeté
dans une voiture; et j'appris en route que l'on me
conduisait à six lieues d'ici, à la forteresse; mais à
moitié chemin, nous entendons un bruit de chevaux:
on nous entoure, on désarme mes gardes, on me fait
descendre.

HENRIETTE.

C'étaient vos amis?

RODOLPHE.

Je le crus comme toi, mais je n'en connaissais pas
un. Leur chef, qui était un nègre, espece de major-
dome ou de valet de chambre, me dit : « Monsieur,
« vous êtes libre. — A qui dois-je un pareil service?
« — Je ne puis vous le dire; mais ne rentrez pas dans
« la ville, et ne restez pas dans les environs. — Où
« donc aller? — Si vous voulez nous suivre, mon
« maître m'a chargé de vous mettre et sûreté. »

HENRIETTE.

Il fallait accepter.

RODOLPHE.

C'est ce que je fis. On me présente un fort beau
cheval; nous marchons long-temps, et, à la nuit
close, nous arrivons dans un endroit que je ne connais pas.

HENRIETTE.

Un endroit sauvage!

RODOLPHE.

Du tout; une habitation délicieuse, un séjour
royal, où les soins, les plaisirs me furent prodigués.
On s'empressait de prévenir tous mes vœux, tous,
excepté un seul: c'était de me dire qui me recevait si

généreusement. Quelquefois seulement, Yago, c'était le nègre, venait de la part de son maître savoir de mes nouvelles, et me recommander la retraite la plus absolue. C'était bien aisé à dire; mais je ne pouvais pas vivre sans te voir, et hier, je me suis échappé.

HENRIETTE.

Quelle imprudence!

RODOLPHE.

Je le crois, car tout-à-l'heure, au moment où je venais de franchir les portes de la ville, j'ai entendu un cri partir d'un landau élégant dont on venait de baisser les stores; et, quelques instans après, j'ai cru voir qu'un homme à cheval me suivait de loin. Quelques détours que je prisse, je l'apercevais toujours sur mes pas; et j'ai idée qu'il m'a vu frapper à cette porte.

HENRIETTE.

C'est fait de vous : c'est un ennemi.

RODOLPHE.

Non; il m'eût fait arrêter sur-le-champ; rien ne l'empêchait, et je croirais plutôt que c'est quelque émissaire de ce protecteur inconnu dont les bienfaits me poursuivent.

HENRIETTE.

Que faire alors?

RODOLPHE.

Attendre de ses nouvelles, car, si c'est lui, il ne tardera pas à m'en donner; et d'ici là, me tenir tranquille et caché.

HENRIETTE.

Ici?

RODOLPHE.

Sans doute. Ne veux-tu pas me donner asile ?

HENRIETTE.

Oh ! je ne demande pas mieux... Mais seule, avec moi !...

RODOLPHE.

Qu'importe ? Tu sais si je t'aime.

HENRIETTE.

C'est à cause de cela... Si vous croyez que c'est rassurant...

RODOLPHE.

N'as-tu pas confiance en moi ? Et me crois-tu capable d'abuser de l'hospitalité ?

HENRIETTE.

Non, monsieur, ce n'est pas vous que je crains ; ce sont les autres. Si jamais l'on découvre que vous êtes resté ici, et le jour et la nuit.

RODOLPHE.

Qui le saura ? Personne ne m'a vu entrer. (Passant à la droite d'Henriette, et désignant la porte du cabinet à droite.) Je ne sortirai point de ce cabinet où est ton piano, et qui est séparé du reste de ton appartement. Toi seule sera ma garde, mon geôlier ?

HENRIETTE.

Ah ! oui ; ce serait bien gentil, mais ça ne se peut pas.

RODOLPHE.

Aimes-tu mieux me livrer, me perdre !...

HENRIETTE.

Plutôt me perdre moi-même.

AUGUSTA, en dehors.

Ne vous dérangez pas ; je vais monter à son salon.

HENRIETTE, troublée.

On vient. Cachez-vous vite.

RODOLPHE.

Où donc?

HENRIETTE, montrant le cabinet à droite.

Eh bien, là... chez vous.

RODOLPHE.

Ah! que tu es bonne, et que je te remercie?

(Il entre dans le cabinet.)

HENRIETTE.

Enfermez-vous en dedans. (Rodolphe, qui est entré, met le verrou.) A la bonne heure.

SCÈNE VII.

AUGUSTA, HENRIETTE.

AUGUSTA.

Eh bien! mademoiselle Henriette, est-ce que vous devenez grande dame? On ne peut plus vous voir.

HENRIETTE.

La signora Augusta!... Pardon, madame.

AUGUSTA.

Et la robe que vous m'avez promise pour ce matin, et dont vous vous étiez chargée vous-même?

HENRIETTE, à part.

Ah! mon Dieu! (Haut.) Elle n'est pas encore terminée.

AUGUSTA.

Il me la faut cependant pour aujourd'hui; car j'ai une soirée que je ne puis remettre.

HENRIETTE.

Un concert... j'entends.

Air: Un homme pour faire un tableau.

Vous chantez des airs d'Opéra
Devant votre juge suprême,
Notre grand-duc...

AUGUSTA.

Mieux que cela,
C'est devant le public lui-même...
Grand seigneur qu'on doit révérer,
Juge difficile à surprendre,
Qui se fait souvent désirer,
Mais qu'on ne fait jamais attendre.

Ainsi, dépêchez-vous.

HENRIETTE.

Soyez tranquille; je vous promets qu'il n'y a pas pour un quart d'heure d'ouvrage.

AUGUSTA.

Ah! oui; les quarts d'heure des couturières, c'est comme les caprices des chanteuses, cela n'en finit jamais; et je ne sors pas d'ici que je n'aie avec moi ma robe. En même temps, et pendant que j'y suis, prenez-moi mesure pour une robe de bal.

HENRIETTE.

Votre mesure, je l'ai.

AUGUSTA, se regardant dans la psyché.

Elle n'est pas exacte; depuis huit jours je maigris horriblement; j'ai tant de contrariétés!

HENRIETTE.

Vous avez des chagrins?

AUGUSTA.

De très grands. Une débutante qui arrive, des intrigues, des cabales. Heureusement, le surintendant est pour moi; ce qui est bien pénible, car il est ennuyeux à la mort.

HENRIETTE, apprêtant ses mesures.

Et moi, qui trouvais si beau d'être artiste; moi, qui enviais votre sort, à vous et à mademoiselle Sontag!

AUGUSTA.

Ne m'en parlez pas. Je me suis dit vingt fois que j'aimerais mieux être une simple comtesse, une simple baronne, avec vingt ou trente mille livres de rentes, et même un mari!... que d'être comme je suis.

HENRIETTE, lui prenant mesure.

Est-il possible!

AUGUSTA.

Certainement, les cantatrices ont quelques avantages; ici surtout, en Allemagne, il y a un peu d'enthousiasme, les populations arrivent à leur rencontre; les princes vont au-devant d'elles, on leur frappe des médailles... Ne me faites pas surtout les entournures trop étroites... L'encens, les triomphes, les couronnes, c'est bien; mais cela passe si vite, le public a tant d'inconstance!

HENRIETTE.

Vraiment.

AUGUSTA.

Et il parle de la nôtre! lui!... qui oublie quinze ou

vingt ans de succès pour le premier petit minois qui a de la jeunesse et de la fraîcheur. Tenez, le public, je le déteste... en masse!... et je m'en venge tant que je puis en détail. Qu'est-ce que vous mettrez pour garniture?... des rouleaux?... des volans?...

HENRIETTE.

Mieux que cela; tout autour des bouquets espacés, cela vous ira à merveille, et vous serez charmante.

AUGUSTA.

Tant mieux; pas pour moi, mais pour eux; je serai enchantée de les désespérer. C'est si agréable d'être aimée quand on n'aime personne!

HENRIETTE, achevant de prendre ses mesures.

Quoi! jamais personne?

AUGUSTA.

Jamais!... Je ne dis pas, une fois, peut-être, à ce que je crois... un jeune seigneur riche, aimable, charmant, adoré de toutes les dames; elles en sont toutes folles, elles courent toutes après lui, je ne sais pas pourquoi!... et il m'a abandonnée!...

HENRIETTE.

Pas possible!

AUGUSTA.

Le seul que j'aie aimé; aussi cela m'apprendra, et si on m'y reprend jamais...

HENRIETTE.

Air : J'en guette un petit de mon âge.

Lui, vous trahir, mademoiselle!
Et vous l'aimez?

AUGUSTA.

Précisément.

C'est parce qu'il m'est infidèle
Que peut-être je l'aime autant.
Lorsque les amours nous maîtrisent,
Non, rien n'attache, en vérité,
Autant qu'une infidélité...
Tous mes amoureux me le disent.

Et vous, ma petite, avez-vous quelque inclination?

HENRIETTE.

Moi, madame?

AUGUSTA.

Il ne faut pas rougir; pour être couturière, on n'est pas obligée d'être insensible, les amours et la couture vont très-bien ensemble.

HENRIETTE, baissant les yeux.

Du tout, madame, je ne sais pas ce que vous voulez dire...

(On entend tomber un meuble dans le cabinet où est Rodolphe.)

AUGUSTA.

Qu'est-ce que j'entends là?

HENRIETTE, troublée.

Une de mes ouvrières, qui travaille dans ce cabinet.

(On entend Rodolphe qui prélude sur le piano, et qui fait quelques roulades.)

AUGUSTA.

Très-bien! un superbe contr'alto. Cette ouvrière-là...

HENRIETTE, à part.

L'imprudent!

(Rodolphe chante quelques paroles.)

AUGUSTA, à part.

Dieu! c'est la voix du comte! qu'est-ce que cela signifie? (Se retournant, à Henriette.) Eh bien! mademoiselle, cette robe?... je ne m'en vais pas sans l'avoir, je vous l'ai dit.

HENRIETTE.

Mais, madame...

AUGUSTA.

Eh bien! alors, finissons-en; et puisqu'il n'y a que pour un quart d'heure d'ouvrage, dépêchez-vous.

HENRIETTE.

Certainement. Mais vous, pendant ce temps...

AUGUSTA.

J'attendrai ici. Voyez si vous voulez que j'y reste jusqu'à ce soir.

HENRIETTE, vivement.

Oh! mon Dieu, non. (A part.) Et ce ne sera pas long, puisqu'il n'y a que ce moyen de s'en débarrasser. (Haut.) Dans l'instant, vous allez l'avoir. (Augusta la regarde avec impatience.) Dans l'instant, madame. (A part, en sortant.) Heureusement qu'il est enfermé.

(Elle sort.)

SCÈNE VIII.

AUGUSTA, puis RODOLPHE.

AUGUSTA, seule.

Voilà qui est amusant. (Elle s'approche de la porte du cabinet, qu'elle veut ouvrir.) Impossible d'ouvrir. (Avec colère.) Est-ce qu'il ne serait pas seul par hasard?... Oh! non, le piano continue; et il ne s'amuserait pas à faire de la musique. (Écoutant.) Je reconnais cet air-là, un air de *Fra Diavolo*, qui arrivait de France, et que nous chantions autrefois. Voyons s'il a de la mémoire.

RODOLPHE, dans le cabinet.

Air : Voyez sur cette roche (de Fra Diavolo).

Où donc l'amour fidèle
Peut-il habiter désormais ?
Dans les champs, dans les palais,
En vain je le cherchais.

AUGUSTA, achevant l'air.

Ingrat ! lorsque ta voix appelle
L'amour tendre et fidèle,
Près de toi le voilà.

(Rodolphe entr'ouvre doucement la porte, et avance la tête avec
précaution.)

Il est là,
Il est là.

ENSEMBLE.

RODOLPHE.

Augusta !

AUGUSTA.

Le voilà !

AUGUSTA.

Bravo ! une reconnaissance en musique ! C'est dans
mon genre.

RODOLPHE.

Vous dans ces lieux !

AUGUSTA.

Vous y êtes bien, infidèle que vous êtes !

RODOLPHE.

Qui vous y amène ?

AUGUSTA.

Je vous ferai la même demande ; et je ne pense pas
que vous y veniez pour une robe de bal.

RODOLPHE.

Moi!... poursuivi, et cherchant un asile, j'ai accepté le premier qu'on daignait m'offrir.

AUGUSTA.

Quoi! vous êtes en danger, et vous n'êtes pas venu chez moi !... J'aurais pu oublier tous vos torts, je vous pardonnerais d'être parjure, infidèle... cela ne dépend pas de soi, cela peut arriver à tout le monde; mais d'être ingrat, cela n'est pas permis.

RODOLPHE.

Que vous êtes bonne !

AUGUSTA.

Du tout, je suis en colère, et vous me suivrez à l'instant, je vous cacherai chez moi, dans mon hôtel, un séjour délicieux que vous ne connaissez pas, et que j'ai acquis dernièrement; l'ancien palais du cardinal.

RODOLPHE.

Il serait possible ! Cela a dû vous coûter bien cher.

AUGUSTA.

Mais non; et je serai si heureuse de vous recevoir. Venez, Rodolphe, venez, mon ami.

RODOLPHE.

Je le voudrais; mais vous conviendrez que, pour vivre inconnu, il serait imprudent de choisir un palais, où vos gens, vos amis...

AUGUSTA.

Je vous cacherai dans mon oratoire; personne n'y va, pas même moi.

RODOLPHE.

N'importe; je puis être découvert, ce serait vous

XII.   3

compromettre aux yeux du prince et de la cour! ce
que je ne veux pas.

AUGUSTA.

Dites plutôt que vous refusez tout ce qui vient de
moi, que vous m'avez tout-à-fait oubliée, que vous
ne voulez plus m'aimer.

RODOLPHE.

Augusta !

AUGUSTA.

Et pourquoi ne m'aimez-vous pas? je vous le demande?... moi, qui ai fait pour vous ce que je n'ai
fait pour personne!... moi, qui vous suis toujours
restée fidèle!... Ne riez pas, monsieur, ne riez pas;
car je vais me fâcher : je joue quelquefois la tragédie,
et si vous refusez mes offres...

RODOLPHE.

J'en accepterai du moins une partie. D'abord, donnez-moi des nouvelles, car j'arrive.

AUGUSTA.

Le prince est toujours furieux, à ce que dit votre
oncle.

RODOLPHE.

Mon oncle, le surintendant!... Vous le voyez?

AUGUSTA.

Mais oui, assez souvent.

RODOLPHE . à part.

Ah! mon Dieu!... est-ce que par hasard ce serait
lui qui m'aurait succédé?

AUGUSTA.

Pour vous, pour défendre vos intérêts.

RODOLPHE.

Vous êtes bien bonne; car je ne veux, je n'attends rien de lui; et plutôt que d'implorer ses secours, j'aimerais mieux rester dans la gêne où je suis.

AUGUSTA.

Qu'entends-je? ah! que je suis heureuse! Est-ce que ma bourse n'est pas la tienne... je veux dire la vôtre?...

RODOLPHE.

Y pensez-vous!

AUGUSTA.

Et pourquoi donc?... C'est comme si votre oncle vous le donnait.

Air du Vaudeville de la Petite Sœur.

N'allez-vous pas vous révolter ?
Oh! je connais votre noblesse.
Mais vous pouvez bien accepter
Sans blesser la délicatesse.
Refuse-t-on entre parens !
Or, monsieur, l'éclat dont je brille,
C'est votre bien... je vous le rends,
Ça ne sort pas de la famille.

RODOLPHE.

Ce n'est pas de moi qu'il s'agit, c'est de mon pays et de mes amis; comment les voir, nous concerter en secret?

AUGUSTA, vivement.

J'y suis; je leur donne à souper, ce soir, chez moi, après le *Comte Ory*. Vous y viendrez; une conspiration, quel bonheur!... que ce doit être amusant!

RODOLPHE.

Et que dira le surintendant?

AUGUSTA.

Il ne peut pas m'empêcher de conspirer, tant que ce n'est pas contre lui. Et encore, si cela me plaisait...

RODOLPHE.

Ce ne seraient pas les conjurés qui vous manqueraient.

AUGUSTA, le regardant tendrement.

Vous croyez; c'est gentil ce que vous me dites-là, et il me semble presque que je ne vous en veux plus.

Même air.

Allons, monsieur, embrassez-moi,
Pour me donner plus de courage.
Eh bien !... vous refusez, je croi ?

RODOLPHE.

Un baiser !... ce serait dommage.
C'est en vain que je m'en défends,
  (A part.)
Elle est si bonne et si gentille...
C'est à mon oncle, je le prends,
  (L'embrassant.)
Ça ne sort pas de la famille.

SCÈNE IX.

LES PRÉCÉDENS; HENRIETTE, APPORTANT UN CARTON.

HENRIETTE.

Eh bien ! qu'est-ce que je vois ?

AUGUSTA, à part.

Ma couturière. (Haut.) Ce que c'est aussi, mademoiselle, que de se faire attendre comme vous le faites !

HENRIETTE.

Je vous demande pardon; j'avais fini votre robe,
que voici.

AUGUSTA.

Qu'on la porte chez moi, je n'y retourne pas, j'ai
autre chose à faire; adieu, petite. (Bas à Rodolphe.) Adieu,
monsieur, à ce soir; je vais faire mes invitations pour
le souper et pour la conspiration.

(Elle sort.)

SCÈNE X.

RODOLPHE, HENRIETTE.

RODOLPHE, après un moment de silence.

Eh bien! Henriette, qu'as-tu donc? comme tu me
regardes!

HENRIETTE.

Il n'y a peut-être pas de quoi?... Je venais pour
vous parler, pour vous dire que je suis encore toute
tremblante... ce que j'ai vu là, tout à l'heure...

RODOLPHE, étonné.

Quoi donc?

HENRIETTE.

Vous ne l'embrassiez peut-être pas?...

RODOLPHE.

Ce n'est que cela; sois tranquille, ce n'est rien.

HENRIETTE.

Comment, ce n'est rien. Une personne que vous
ne connaissez pas!

RODOLPHE.

Si vraiment.

HENRIETTE.

Vous la connaissez! c'est encore pire; et si elle vous dénonce, si elle vous trahit.

RODOLPHE.

Justement, c'était pour l'engager au silence.

HENRIETTE.

Ah! c'était pour cela?... c'est différent; mais vous n'auriez pas pu trouver un autre moyen?

RODOLPHE.

Celui-là, je l'atteste, est sans conséquence. Mais ce que tu voulais me dire...

HENRIETTE.

Ah! mon Dieu! elle me l'avait fait oublier! et cependant c'est bien important. Tout à l'heure, au magasin, où j'étais à travailler à cette maudite robe, est entré un domestique, un nègre, une livrée vert-olive et or.

RODOLPHE.

C'est Yago.

HENRIETTE.

Il n'a voulu parler qu'à moi en particulier. « Made-« moiselle, m'a-t-il dit à voix basse, il y a ici un jeune « homme caché; ne craignez rien, nous sommes ses « amis; mais il est nécessaire que celui qui m'envoie, « que son protecteur puisse le voir un instant, sans « témoins, et surtout sans être aperçu; donnez-m'en « les moyens. »

RODOLPHE.

Eh bien?

HENRIETTE.

Eh bien ? alors toute émue, je lui ai dit : « Mon-
« sieur, si vous me répondez que ce n'est pas pour lui
« faire du mal, la personne n'a qu'à entrer, rue des
« Étudians, la première allée à droite; monter au
« second, une porte grise, dont voici la clef; c'est là
« qu'est monsieur Rodolphe. » — Il a pris la clé et a
disparu, en disant : « Dans un instant on sera près
« de lui. »

RODOLPHE.

Il serait vrai; je vais donc connaître enfin cet
homme généreux à qui je dois tout, et que je n'ai pu
encore remercier !

HENRIETTE.

Écoutez, j'entends une clé dans la serrure.

RODOLPHE.

C'est lui.

Aɪʀ : Du partage de la richesse.

Ah ! par égard, mon aimable Henriette,
Laisse-moi seul... il faut être discret.

HENRIETTE.

Oh ! malgré moi tout cela m'inquiète.
Adieu, je sors, puisque c'est un secret.
   J'ai toujours respecté les vôtres ;
   Mais dépêchez-vous, s'il vous plaît.
Tous les momens où je vous laisse à d'autres
   Sont autant de vols qu'on me fait.

(Elle sort par la porte du fond qu'on lui entend fermer. Dans ce moment
s'ouvre la petite porte à gauche, et Amélie paraît.)

SCÈNE XI.

RODOLPHE, AMÉLIE.

RODOLPHE.

Ciel! une femme!... et une femme charmante!

AMÉLIE, avec émotion.

Je conçois, monsieur, que ma vue doive vous
étonner; et quelque singulière que vous paraisse une
semblable démarche, ne vous hâtez pas de la blâmer;
car je n'avais peut-être que ce moyen de vous sauver.

RODOLPHE.

Quoi! c'est vous, madame, dont la généreuse protection a daigné veiller sur moi?

AMÉLIE.

Air du Vaudeville de la Somnambule.

La liberté trompait votre courage.
Vous vous perdiez... je protégeais vos pas.
Dans vos projets, du moins, soyez plus sage,
Oubliez-les.

RODOLPHE.

Ah! ne le croyez pas.
A la patrie il faut rester fidèle ;
Et, je le sens, mon bonheur le plus doux,
Après celui de me perdre pour elle,
Serait d'être sauvé par vous.

Que je sache du moins à qui je dois tant de bienfaits.

AMÉLIE.

Vraiment, vous ne me connaissez pas, vous ne
savez pas qui je suis?

RODOLPHE, la regardant.

Non, madame.

AMÉLIE.

Ah! tant mieux.

RODOLPHE.

Et pourquoi, de grâce?

AMÉLIE.

Cela me rassure... il me semble que je respire plus
librement... et maintenant, je vous crains moins.

RODOLPHE.

Et que pouvez-vous craindre auprès de quelqu'un
qui vous est dévoué? qui donnerait sa vie pour vous.
Daignez vous fier à mon honneur, daignez me dire
en quoi j'ai pu mériter l'intérêt que vous avez bien
voulu prendre à mon sort.

AMÉLIE.

Et si je n'avais fait que mon devoir, si je n'avais
fait qu'acquitter envers vous une ancienne dette!

RODOLPHE.

Et comment cela?

AMÉLIE.

Ne vous souvient-il plus de l'hiver dernier, du bal
de l'ambassadeur d'Angleterre? Victime d'une méprise, j'allais être insultée...

RODOLPHE.

Quoi! vous étiez ce domino que l'on prenait pour
la comtesse d'Arezzo, pour la maîtresse du prince?
Et dans son erreur, le baron de Wilfrid, et quelques-
uns de ses amis, se permettaient les mots les plus
piquans...

AMÉLIE.

Vous seul avez pris ma défense : « Et quand ce
« serait elle, vous êtes-vous écrié, il suffit qu'elle
« soit femme, pour que je devienne son chevalier. »
Et, me frayant un passage, vous m'avez reconduite
jusqu'à ma voiture ; et seulement alors, à mes armes
et à ma livrée, ils ont reconnu leur méprise.

RODOLPHE.

Et l'aventure en a fini là.

AMÉLIE.

Du tout ; je suis mieux informée. Le lendemain,
le baron et ses amis ont continué à vous plaisanter,
à vous appeler le défenseur de la comtesse ; et justement indigné d'un soupçon pareil, vous avez eu la
bonté de vous fâcher, et de vous battre pour une
femme que vous ne connaissiez pas, à propos d'une
autre que vous détestez.

RODOLPHE.

La détester ! je ne l'aime pas, c'est vrai ; mais cela
ne m'empêche pas de lui rendre justice. De toute cette
cour frivole qui nous gouverne, c'est la seule qui ait
quelque noblesse, quelque fierté dans l'ame.

AMÉLIE.

Enfin, je suis votre obligée pour les périls aux-
quels, sans le vouloir, je vous ai exposé. J'avais cru
reconnaître ce service, en vous protégeant contre
vos ennemis, et en vous offrant chez moi un asile
que j'avais tâché de rendre agréable, votre brusque
départ m'a prouvé qu'il n'en était pas ainsi, que je
m'étais trompée, et avant de vous offrir de nouveau

ou mon aide ou ma protection, il m'a semblé qu'il fallait vous demander votre avis, autrement, ce serait porter atteinte à cette liberté dont vous êtes un des plus ardens défenseurs, et qui, respectant les droits de tous, ne permet pas de rendre les gens heureux... malgré eux.

RODOLPHE.

Ah! je ne demande qu'une faveur, c'est de connaître ma bienfaitrice, ne refusez pas ma prière.

AMÉLIE.

C'est jouer de malheur; car c'est la seule que je ne puisse accueillir, mais à quoi bon connaître ses amis? on en est sûr; ce sont ses ennemis qu'il faut connaître, pour s'en défendre; et même au sein de votre famille, vous en avez. Né d'illustres parens, qui ne sont rien que par leur noblesse, ils ne vous pardonneront pas de vouloir vous élever au-dessus d'eux par votre mérite, de ne jamais paraître à la cour... jamais! Vous voyez, monsieur, que je n'ignore rien de ce qui vous concerne.

RODOLPHE.

Quoi! madame!...

AMÉLIE.

Je sais que, jeune, étourdi, et trop généreux peut-être, vous avez dissipé en peu de mois un riche patrimoine, c'est ce qu'on peut excuser, l'or et la jeunesse ne sont faits que pour être dépensés. Ce que je blâmerais peut-être, ce sont ces idées exaltées, romanesques, qui vous ont jeté à la tête d'un parti qui rêve l'indépendance. Et maintenant, poursuivi, exilé, que voulez-vous faire? quels sont vos desseins?

RODOLPHE.

De ne point me rebuter et de continuer... ce que
nous demandons, nous l'obtiendrons.

AIR des Frères de lait.

De tous côtés les peuples sont en armes,
Les rois eux-mêmes ont besoin d'un abri...
La liberté, qui cause leurs alarmes,
De leur couronne est le plus ferme appui.
Tel, en voyant l'aiguille tutélaire
Par qui la foudre est facile à braver,
L'ignorant craint d'attirer le tonnerre,
Le sage sait qu'elle en doit préserver.

Alors, et quand j'aurai assuré le bonheur de ma patrie, je penserai au mien... Que je rencontre la femme
de mon choix, celle qui m'aimera d'un amour véritable, et, dans quelque situation qu'elle fût placée,
rien ne m'empêchera d'être à elle, ni l'orgueil du
rang... et les préjugés...

AMÉLIE.

Que dites-vous ?

RODOLPHE.

Ce que je pense... et ce que je suis décidé à faire.

AMÉLIE.

Il serait vrai! vous auriez un pareil courage ?

RODOLPHE.

Le courage d'être heureux ? oui sans doute.

AMÉLIE.

C'est bien; je vous approuve... vous voyez donc
bien que j'avais raison, que mon amitié avait deviné
juste en vous choisissant. Oui, regardez-moi comme
votre conseil, votre guide, votre amie, je veux l'être;

je le serai toujours. Parlez, Rodolphe, que puis-je faire pour vous? je vous offre ma protection, mon crédit, quel qu'il soit.

RODOLPHE.

Eh bien, employez ce pouvoir dont j'ai déjà ressenti les effets, non pour moi, mais pour mes amis... Il en est qui, comme moi, n'ont pu échapper aux poursuites, et qui, dans ce moment, gémissent en prison.

AMÉLIE.

Les délivrer tous serait difficile; mais du moins quelques-uns.

RODOLPHE.

Ah! madame.

AMÉLIE.

Peut-être un mot de moi écrit au grand-bailli... essayons toujours. Puis-je écrire?

RODOLPHE, regardant autour de lui, et n'apercevant ni plumes ni encre, lui montre le cabinet à droite.

Là, dans ce cabinet, où j'étais tout-à-l'heure...

AMÉLIE.

C'est très bien, attendez-moi, je reviens.

(Elle entre dans le cabinet.)

SCÈNE XII.

RODOLPHE, puis HENRIETTE.

RODOLPHE.

Je ne puis y croire encore. C'est comme une fée bienfaisante, à qui rien n'est impossible. C'est Henriette...

HENRIETTE, accourant.

Ah! mon ami, si vous saviez; quelle nouvelle!... quel bonheur !

RODOLPHE.

Qu'est-ce donc ?

HENRIETTE.

Ce matin sont venus ici deux inconnus, deux grands seigneurs, à ce qu'il paraît, et je reçois à l'instant une lettre de l'un deux, où, comme fille d'un ancien officier, l'on me propose d'être demoiselle d'honneur de la duchesse douairière, la princesse Ulrique, la tante de notre souverain.

RODOLPHE, à part.

Qu'est-ce que cela signifie ?

HENRIETTE.

On ajoute que, tout-à-l'heure, un conseiller de son altesse, un chambellan, viendra me prendre dans une voiture du prince; et que j'aie à me tenir prête.

RODOLPHE.

Et une pareille offre pourrait vous éblouir ?

HENRIETTE.

Et pourquoi pas? c'est si gentil! et puis c'est honorable.

RODOLPHE.

Honorable ! Ne voyez-vous pas que c'est un piège ? que quelque grand personnage, qui a daigné jeter les yeux sur vous, se sert de ce prétexte pour vous attirer à la cour ?

HENRIETTE.

Et l'on croit que je pourrais accepter ? Non, Rodolphe. Qu'il vienne, ce chambellan, et devant lui,

devant tout le monde, je dirai que, pauvre et malheureuse, je vous préfère à tous; et que je vous aime,
parce que vous m'êtes fidèle. (Apercevant Amélie qui sort du cabinet.)
Ah! mon Dieu! encore une femme ici! et une nou-
velle! et pourquoi donc, Rodolphe?

RODOLPHE.

Silence.

HENRIETTE, se tenant contre lui.

Pourquoi donc est-elle aussi belle?

RODOLPHE.

Taisez-vous, de grâce.

SCÈNE XIII.

AMÉLIE, RODOLPHE, HENRIETTE.

AMÉLIE, tenant un papier à la main.

Tenez, je crois que ce mot suffira, et dès aujour-
d'hui, Rodolphe, vous pouvez l'envoyer.

HENRIETTE.

Rodolphe... c'est sans façon.

AMÉLIE.

Quelle est cette jeune fille?

RODOLPHE.

Une personne qui m'avait donné asile.

AMÉLIE, passant près d'elle.

C'est fort bien, mon enfant. Consentez à le cacher
encore vingt-quatre heures, c'est tout ce que je
vous demande; c'est le temps qui m'est nécessaire
pour agir en sa faveur.

HENRIETTE.

Vous, madame?

AMÉLIE.

Une telle générosité ne sera point sans récompense.

HENRIETTE, avec émotion.

Et d'où vient, madame, l'intérêt que vous prenez à lui?

RODOLPHE.

Que dit-elle?

HENRIETTE.

Non, non, je ne m'abuse point.

AIR du Vaudeville du Colonel.

Oui, je comprends ce trouble, ce langage :
Ce que j'éprouve ici, vous l'éprouvez.
Pour le sauver vous avez mon courage,
Et ses secrets, enfin, vous les savez.
Ah! malgré moi, je tremble au fond de l'ame.

AMÉLIE.

Près d'une amie?...

HENRIETTE.

Impossible, entre nous :
Vous lui montrez trop d'amitié, madame,
Pour que j'en aie ici pour vous.

RODOLPHE.

On vient, taisez-vous.

SCÈNE XIV.

LES PRÉCÉDENS ; AUGUSTA.

AUGUSTA, vivement.

C'est moi que vous revoyez.... Me voici, mon ami.

HENRIETTE, à part.

Son ami !... Et elle aussi... Encore une !...

AUGUSTA.

Je crains qu'on ne se doute de quelque chose, tout le quartier est surveillé par des affidés de la police... par des agens de la comtesse d'Arezzo, et si elle se mêle de découvrir notre retraite. (Apercevant Amélie.) Ah! mon Dieu. (A demi-voix à Rodolphe.) Vous êtes perdu, et nous aussi.

HENRIETTE, à gauche, bas à Augusta.

Est-ce que vous connaissez madame ?

AUGUSTA.

Certainement.

HENRIETTE, de même.

C'est une de vos camarades ?

AUGUSTA.

A peu près, dans un autre genre. (Haut.) Mais cela m'est égal ; je ne crains rien, et puisque c'est connu... Eh! bien, oui, je suis de la conspiration. Du moins, je devais l'avoir ce soir à souper, et quoi qu'il arrive, je partagerai le sort de Rodolphe, parce que je l'aime, je n'aime que lui...

XII.   4

HENRIETTE, passant près de Rodolphe.

Vous l'entendez.... Celle-là, du moins, en convient.

AUGUSTA.

Moi ! je ne m'en suis jamais cachée ; au contraire ; et je le dirai à tout le monde.

LE SURINTENDANT , en dehors.

Que la voiture reste devant la porte.

AUGUSTA , troublée.

Le surintendant.

AMÉLIE.

Le comte de Hartz!

RODOLPHE.

Mon oncle !

SCÈNE XV.

LES PRÉCÉDENS ; LE SURINTENDANT.

(Amélie est à gauche du spectateur, après elle Rodolphe ; Henriette et Augusta à l'extrémité droite.)

LE SURINTENDANT , à la cantonade.

Vous autres, suivez-moi. (Entrent quatre domestiques à la livrée du prince ; ils restent au fond du théâtre. Le surintendant s'avançant près d'Henriette.) Je viens, ma belle enfant, fidèle aux ordres du prince, vous conduire près de son auguste tante, la princesse Ulrique.

TOUS.

Qu'entends-je !

LE SURINTENDANT.

La voiture est en bas, partons vite.

RODOLPHE.

Partir !

LE SURINTENDANT, apercevant Rodolphe.

Air de Turenne.

Que vois-je !... doublement coupable,
Vous osez paraître en ces lieux,
Sous un déguisement semblable...
Monsieur, que diraient vos aïeux ?

RODOLPHE, bas.

Silence !... ne parlez pas d'eux.
(L'amenant sur le bord du théâtre.)
Qu'ils n'entendent point, au contraire,
Ils rougiraient trop en voyant
Ici leur noble descendant
Remplir un pareil ministère.

(Entrent plusieurs ouvrières d'Henriette.)

LE SURINTENDANT.

Monsieur, vous oubliez que vous êtes mon neveu.

HENRIETTE.

Son neveu ! lui !... un grand seigneur !

FINAL.

Air : Il ne peut s'en défendre (du DIEU ET LA BAYADÈRE.

LE SURINTENDANT.

Il n'est plus temps de feindre,
Lui-même est devant vous ;
Il a raison de craindre
Mon trop juste courroux.

ENSEMBLE.

RODOLPHE.

Il n'est plus temps de feindre ;
Mais calmez ce courroux ;
Daignez plutôt me plaindre,
Car je n'aime que vous.

AUGUSTA.

Il n'est plus temps de feindre,
Il se livre à leurs coups;
De son oncle il doit craindre
Le trop juste courroux.

AMÉLIE, montrant le surintendant.

A ses yeux comment feindre?
S'il se peut, cachons-nous :
Contre moi je dois craindre
Sa haine et son courroux.

ENSEMBLE.

HENRIETTE.

A ce point oser feindre
Et nous abuser tous!
De mon cœur il doit craindre
Le trop juste courroux.

(A Rodolphe.)
De toutes les façons ainsi vous m'abusiez !

LE SURINTENDANT.

Que dit-elle?

HENRIETTE, montrant Augusta.

A l'instant il était à ses pieds.

AUGUSTA, s'en défendant.

Qui, moi?

HENRIETTE.

Vous l'avez dit : oui, votre cœur l'adore !

LE SURINTENDANT, à Augusta, avec colère,
Eh quoi! perfide !

HENRIETTE.

(Montrant Amélie.)

Oh ! ce n'est rien encore.
Madame aussi.

LE SURINTENDANT.

Comtesse d'Arezzo ;
C'est vous que j'aperçois.

TOUS.

Comtesse d'Arezzo.

HENRIETTE.

Ah ! de sa perfidie encore un trait nouveau.

LE SURINTENDANT, à Augusta.

Il n'est plus temps de feindre,
Redoutez mon courroux ;
Vous avez tout à craindre
De mes transports jaloux.

RODOLPHE.

J'ignorais sans rien feindre
Qu'elle fût près de nous ;
Daignez plutôt me plaindre,
Et calmez ce courroux.

AUGUSTA, au surintendant.

Il n'est plus temps de feindre,
Je le préfère à vous ;
Et je n'ai rien à craindre
De vos transports jaloux.

ENSEMBLE.

HENRIETTE, regardant Rodolphe.

A ce point oser feindre !
Avec des traits si doux ;
De mon cœur il doit craindre
La haine et le courroux.

AMÉLIE, montrant le surintendant.

Il n'est plus temps de feindre ;
Mais, déjouant ses coups,
Ils ne pourront m'atteindre,
Je brave son courroux.

HENRIETTE, s'avançant au milieu du théâtre, et s'adressant à Rodolphe.

(A part.)

Adieu ! tout est fini ! Je n'y pourrai survivre.

(Haut.)

Mais pour me venger d'elle, de lui, d'eux tous,

(Au surintendant.)

Monsieur, je suis prête à vous suivre.

RODOLPHE, *s'élançant au-devant d'elle.*

O ciel ! y pensez-vous !

HENRIETTE.

Laissez-moi, je vous hais.

RODOLPHE.

Et vous croyez peut-être
Que je pourrai souffrir....

LE SURINTENDANT, *passant auprès de Rodolphe.*

Il le faut, ou sinon
De votre liberté, de vos jours je suis maître.
J'en ai l'ordre, et je puis vous conduire en prison ;
Sachez mériter ma clémence.

RODOLPHE.

Qui, moi ?

AMÉLIE, *s'approchant de lui, et bas.*

De la prudence.
Modérez-vous,
Rien n'est perdu, car je veille sur vous.

ENSEMBLE.

LE SURINTENDANT, *à Henriette.*

Vous n'avez rien à craindre
De ses transports jaloux ;
Rien ne peut vous atteindre. .
Oui, venez, suivez-nous.

RODOLPHE.

Je saurai vous atteindre,
Redoutez mon courroux ;
Vous avez tout à craindre
De mes transports jaloux.

AUGUSTA.

Il est prudent de feindre,
De grâce, taisez-vous ;
Car nous avons à craindre
Sa haine et son courroux.

AMÉLIE.

Il est prudent de feindre,
De grâce, calmez-vous ;
Vous n'avez rien à craindre,
Car je suis près de vous.

HENRIETTE, au surintendant.

Non, je ne puis contraindre
Ma haine et mon courroux ;
Il n'est plus temps de feindre,
Et je pars avec vous.

LE CHOEUR.

Non, rien ne peut l'atteindre,
Ni haine, ni courroux.
Elle n'a rien à craindre,
Elle vient avec nous.

(Le surintendant offre la main à Henriette, et l'emmène avec lui.)

FIN DU PREMIER ACTE.

ACTE DEUXIÈME.

Le théâtre représente le palais du grand-duc ; une table et tout ce qu'il faut pour écrire sur le devant du théâtre, et à gauche de l'acteur.

SCÈNE PREMIÈRE.

RODOLPHE, AUGUSTA.

AUGUSTA.

Vous ici, dans le palais du grand-duc ! Songez-vous aux dangers que vous courez ?

RODOLPHE.

Peu m'importe.

AUGUSTA.

Et si, comme votre oncle vous l'a promis, il vous faisait arrêter ?

RODOLPHE.

Peu m'importe, vous dis-je ; je l'attends ici pour la voir, pour lui parler...

AUGUSTA.

Ah ! perfide ! jamais vous ne m'avez aimée ainsi !

RODOLPHE.

C'est que jamais on n'a été plus malheureux.

AUGUSTA.

Et en quoi donc ? Une perspective superbe ! on n'arrive ici que par les femmes, par les favorites, et vous êtes aimé de l'ancienne et de la nouvelle. Vous avez pour vous le passé et le présent, et vous êtes inquiet de l'avenir ?

RODOLPHE.

Oui, je ne vis plus, je ne puis rester en place; je viens, grâce à la comtesse, de délivrer mes amis; et si je ne rougissais d'employer leurs secours dans une cause qui m'est personnelle, je crois que je viendrais ici avec eux...

AUGUSTA.

Exciter une révolte, une sédition... avec ça que le peuple ne demande pas mieux. Y pensez-vous?

RODOLPHE.

Ah! vous avez raison! mais, cependant, Henriette!... Conseillez-moi, quel parti prendre?

AUGUSTA.

Je n'en connais qu'un immanquable, et pas très difficile, que j'ai souvent employé.

RODOLPHE.

Et lequel?

AUGUSTA.

C'est de l'oublier.

RODOLPHE.

Jamais!

AUGUSTA.

J'ai bien oublié votre oncle; un surintendant! une belle place dont je suis déjà toute consolée... il y a tant d'aspirans; non que j'y tienne: car je ne me déciderai pour personne, à moins que ce ne soit pour lord Coburn, l'ambassadeur d'Angleterre; son crédit peut vous être utile, et dans cette occasion il peut nous seconder.

RODOLPHE.

Lui! l'ambassadeur?

AUGUSTA.

Vous n'êtes donc pas au fait? L'Angleterre, qui est bien avec la comtesse d'Arezzo, veut que les choses restent comme elle sont. C'est la Russie et la Prusse qui désirent un changement.

RODOLPHE.

Un changement de maîtresse?

AUGUSTA.

Oui, sans doute.

RODOLPHE.

Et le corps diplomatique se mêle de cela?

AUGUSTA.

Certainement... Dans un gouvernement absolu, c'est ce qu'il y a de plus important : la maîtresse et le confesseur. Dès qu'on les a, on a tout. Ce n'est pas comme dans les pays où il y a des chambres, des parlemens, il n'y a pas moyen... cela fait trop de monde à gagner.

RODOLPHE.

Et qui vous a rendue si forte en politique?

AUGUSTA.

Lord Coburn, qui vènait souvent chez moi, sous le règne même de votre oncle. Fiez-vous à nous. De la cabale, de l'intrigue... je me croirai au théâtre! Il ne s'agit que de s'opposer...

RODOLPHE.

A ce qu'Henriette devienne favorite.

AUGUSTA.

C'est une débutante qu'il faut empêcher de paraître... Eh! bien, pour cela, monsieur, il faut s'adresser
au chef d'emploi, homme ou femme, ce sont toujours
eux qui ont intérêt à empêcher les débuts. C'est donc
avec la comtesse d'Arezzo que vous devez vous entendre. Croyez-vous qu'elle se laisse enlever un poste
aussi brillant, et que, depuis cinq ans, elle occupe
avec... honneur?

RODOLPHE.

Mais, comment parvenir jusqu'à la comtesse?

AUGUSTA, le menant près de la table.

Demandez-lui un instant d'entretien, deux lignes
qu'il me sera facile de lui remettre. (Rodolphe écrit; Augusta
debout auprès de lui, continue.) Car je suis au palais pour toute
la journée. Je chante ce matin à la chapelle, et ce
soir au concert: et, pour tout cela, je n'ai que vingt
mille écus; c'est une horreur! Aussi je comptais bien
être augmentée, sans la perte que j'ai faite du surintendant. (A Rodolphe.) Est-ce fini?

RODOLPHE, lui donnant le papier.

Voyez vous-même si c'est bien.

AUGUSTA, le lisant.

Pas mal. Peut-être un peu trop de respect; car elle
vous adore aussi, cette femme-là; et je suis bien sûre
que, si vous vouliez... (Rodolphe se lève.) Du tout, du
tout... Me préserve le ciel de vous donner de tels
conseils! (Ils viennent sur le devant du théâtre.) Car il y aurait
peut-être un moyen de tout simplifier.

RODOLPHE.

Et lequel?

AUGUSTA.

Ce serait de laisser là vos deux inclinations, la grisette et la grande dame; et de partir sur-le-champ avec moi.

RODOLPHE.

Que dites-vous?

AUGUSTA.

Acceptez; et j'abandonne tout; je sacrifie tout, ma position, mes avantages, et tous mes engagemens... même ceux du théâtre.

RODOLPHE.

Moi! vouloir vous ruiner!

AUGUSTA.

Ingrat!... vous ne m'aimez pas assez pour cela... (Pleurant.) Moi, je n'aurais pas hésité un instant! le ciel m'en est témoin! Mais voilà que je m'attendris... et c'est si bête!...

AIR: Faut l'oublier.

Plus de chagrin, plus de tristesse,
Pour vous je m'immole aujourd'hui;
Quoi qu'il arrive, mon ami,
Vous me retrouverez sans cesse.
Goûtez ailleurs un sort plus doux.
Par mon crédit, par ma puissance,
D'une autre devenez l'époux...
Moi, je vous jure une constance }
Que je n'exige pas de vous.   } bis.

Partez, car voici le prince et votre oncle. Je me charge de votre lettre, et dans une demi-heure, ici.... revenez... vous aurez la réponse.

(Rodolphe sort par le fond. Augusta reste au fond à droite, pendant que le grand-duc et le surintendant font leur entrée par la gauche.)

SCÈNE II.

AUGUSTA, au fond, LE GRAND-DUC et le SUR-
INTENDANT.

LE GRAND-DUC, des papiers à la main.

Allons, encore des affaires d'état, des papiers à
parcourir.

LE SURINTENDANT.

Quelques réponses à donner vous-même.

LE GRAND-DUC, apercevant Augusta.

Ah! c'est vous, signora? Vous savez que ce soir
nous avons concert?

LE SURINTENDANT, passant auprès d'Augusta et lui montrant un papier.

Et voici les morceaux que vous chanterez, indi-
qués dans ce programme.

LE GRAND-DUC, allant s'asseoir à la table, et lisant les papiers.

Et surtout n'oubliez pas des romances... des airs
tendres, qui puissent faire impression...

LE SURINTENDANT.

Sur une jeune personne.

AUGUSTA, à part.

Décidément, c'est elle qui l'emporte.... Chanter
devant une couturière !

LE SURINTENDANT.

Vous avez entendu.

AUGUSTA, à demi-voix.

C'est impossible aujourd'hui, je suis enrhumée.

LE SURINTENDANT, de même.

C'est une fable ; vous ne l'êtes pas.

AUGUSTA, de même.

Je le serai ce soir; j'ai du monde à souper...l'ambassadeur d'Angleterre.

LE SURINTENDANT.

Il est donc vrai!... je m'en suis toujours douté... Perfide !

LE GRAND-DUC.

Qu'est-ce donc?

LE SURINTENDANT.

Rien... je faisais observer à mademoiselle, qui se dit indisposée, que toute la cour compte sur un concert.

AUGUSTA, au surintendant à demi-voix.

Elle s'en passera.

LE SURINTENDANT, de même.

Et le prince qui le veut.

AUGUSTA, de même.

Eh bien ! moi, je ne le veux pas.

LE SURINTENDANT.

Craignez sa colère et la mienne.

AUGUSTA.

Et qu'est-ce que vous pouvez me faire.

Air: Que d'établissemens nouveaux.

Pour élever au premier rang
Des gens du talent le plus mince,
D'un sot pour faire un chambellan,
Il ne faut qu'un ordre du prince.
Mais nous autres, c'est différent,
C'est moins facile qu'on ne pense...
Des chanteurs... des gens à talent
Ne se font pas par ordonnance.

LE GRAND-DUC.

Eh bien! est-ce arrangé?

LE SURINTENDANT.

Non, mon prince.

LE GRAND-DUC.

C'est fâcheux.

LE SURINTENDANT, au grand-duc.

Ce ne sera rien, laissez donc. (Élevant la voix.) Alors il faudra faire débuter cette cantatrice italienne qui a une si belle voix, un si beau talent, et qu'on empêchait de débuter. Elle paraîtra dès demain, dès ce soir.

AUGUSTA, en colère, à demi-voix.

Si vous étiez capable d'une trahison pareille...

LE SURINTENDANT.

Ce sera.

AUGUSTA.

C'est ce que nous verrons; et d'ici-là peut-être, et vous et vos protégées...

LE SURINTENDANT.

C'est bien, c'est bien.

AUGUSTA.

Oh! je n'ai plus rien à ménager! (A part.) Je cours chez l'ambassadeur. Faire débuter quelqu'un dans mon emploi!..

AIR du Carnaval.

Courons! il faut que la comtesse apprenne
Tout ce qui vient ici de se passer;
On la menace, et ma cause est la sienne,
Car toutes deux on veut nous remplacer.
Oui, nous avons, en cette circonstance,

Des droits égaux, qu'elle défendra bien ;
Et d'autant mieux que son emploi, je pense,
Est plus facile à doubler que le mien.

(Au surintendant.) Adieu, mon cher surintendant, vous n'en êtes pas encore où vous voulez; et comme, avant tout, il faut de la franchise, je vous prie de me regarder désormais comme votre ennemie intime et mortelle.

C'est ainsi qu'en partant je vous fais mes adieux.

(Elle sort.)

SCÈNE III.

LE SURINTENDANT, LE GRAND-DUC.

LE SURINTENDANT, à part, après qu'Augusta est partie.

Elle chantera. (Au grand-duc.) Elle chantera.

LE GRAND-DUC.

Je comprends. Ah! vous êtes un habile homme, un fin diplomate. (Il se lève.) Dites-moi, il y a donc une cantatrice italienne? Il faut que nous en parlions, ainsi que du bal, du concert, auquel je compte assister.

LE SURINTENDANT.

Quoi! vous daigneriez...

LE GRAND-DUC.

Je veux tout voir et tout entendre par moi-même; je vous l'ai dit, je règne.

LE SURINTENDANT.

J'en vois la preuve. Ces papiers que vous venez de lire et de signer...

LE GRAND-DUC.

Mais oui, de signer!... Comme vous le disiez, je crois qu'il y a réellement moyen de se passer de la comtesse : il n'y a que l'ennui d'aller au conseil, ou l'on m'attend; je ne pourrai jamais...

LE SURINTENDANT.

Et pourquoi donc?... une demi-heure est si tôt passée. Vous êtes là devant une table ronde; pendant que les ministres délibèrent, vous parlez de la chasse d'hier, du concert de ce soir; pendant qu'ils vont aux voix, vous rêvez à vos amours, vous faites des dessins à la plume, et le lendemain la gazette de la résidence dit : *Le prince a travaillé avec ses ministres;* cela fait toujours un très bon effet.

LE GRAND-DUC.

Vous croyez?

LE SURINTENDANT.

Certainement; et tenez, voilà qui vous donnera du courage, la belle Henriette qui vient de ce côté.

SCÈNE IV.

Les mêmes ; HENRIETTE, entrant par le fond, a droite.

HENRIETTE, très émue, à part.

Je ne me trompe pas; c'est lui, je l'ai vu; quelle imprudence!... (Apercevant le grand-duc.) Ah! le prince!

LE GRAND-DUC.

Qu'avez-vous donc, ma belle enfant? la princesse Ulrique, mon auguste tante, est enchantée de vous avoir près d'elle; et vous, n'êtes-vous pas satisfaite des égards dont on vous environne ?

HENRIETTE.

Ah! monseigneur, tout ce monde empressé à me complaire, à prévenir mes moindres désirs...

LE GRAND-DUC.

Ce sont les seuls moyens que je veux employer pour vous retenir près de nous; j'attendrai tout du temps et de mes soins. Est-il ici quelques vœux que vous puissiez former?

HENRIETTE.

Je ne veux rien, monseigneur, rien pour moi; mais si j'osais...

LE GRAND-DUC.

Eh bien! je crois vraiment qu'elle n'ose demander; parlez.

AIR : O bords heureux du Gange (de LA BAYADÈRE).

PREMIER COUPLET.

HENRIETTE.

C'est qu'il est une grâce...

LE GRAND-DUC.

Quelle est donc cette grâce?

HENRIETTE.

Que je veux implorer.

LE GRAND-DUC.

Qu'elle veut implorer?

HENRIETTE.

Mais c'est par trop d'audace.

LE GRAND-DUC.

Ce n'est point de l'audace.

HENRIETTE.

Daignez me rassurer.

LE GRAND-DUC.

Daignez vous rassurer.

ENSEMBLE.

HENRIETTE.

A ma frayeur mortelle
Je suis prête à céder.
Une faveur nouvelle
Encore à demander.

LE GRAND-DUC.

A vos ordres fidèle,
Chacun doit vous céder ;
Et c'est à la plus belle
Toujours à commander.

DEUXIÈME COUPLET.

HENRIETTE.

Tout ce que je désire...

LE GRAND-DUC.

Tout ce qu'elle désire...

HENRIETTE

Le seul vœu de mon cœur...

LE GRAND-DUC.

Le seul vœu de son cœur...

HENRIETTE.

Je consens à le dire...

LE GRAND-DUC.

Elle veut bien le dire...

HENRIETTE.

A vous seul, monseigneur.

LE GRAND-DUC.

A moi seul... quel bonheur !

(Il fait signe au surintendant de s'éloigner.)

ENSEMBLE.

HENRIETTE.

A ma frayeur mortelle
Je suis prête à céder.

Une faveur nouve'le
Encore à demander.

LE GRAND-DUC.

A vos ordres fidèle,
Chacun doit vous céder ;
Et c'est à la plus belle
Toujours à commander.

LE GRAND-DUC.

Eh bien, donc?

HENRIETTE.

J'ai appris (montrant le surintendant.) que vous aviez con-
damné le neveu de monsieur.

LE GRAND-DUC.

Le comte Rodolphe!...

HENRIETTE.

Et je voudrais bien qu'il fût libre, qu'il eût sa grâce.

LE GRAND-DUC.

Je comprends; c'est son oncle qui, dans sa fierté
républicaine et farouche, ne voulant pas demander
lui-même, a compté sur votre crédit, et vous a priée...
allons, convenez-en.

HENRIETTE, baissant les yeux, et hésitant.

Oui, monseigneur. (A part.) Mon Dieu, je trompe
déjà, je fais comme lui!... mais c'est pour le sauver.

LE GRAND-DUC, après l'avoir regardée.

C'est bien; je vois avec plaisir l'intérêt que vous
prenez au surintendant et à sa famille.

AIR de Voltaire chez Ninon.

Venez, mon cher surintendant,
Et saluez mademoiselle
Qui se rappelle en ce moment
Ce que vous avez fait pour elle.

Je vois qu'elle veut, en ce jour,
Vous prouver sa reconnaissance.

(Il va à la table et signe un papier.)

LE SURINTENDANT.

Sa reconnaissance !... à la cour !...
Ah ! l'on voit bien qu'elle commence.

LE GRAND-DUC, donnant le papier à Henriette.

J'accorde.

HENRIETTE, lui prenant la main.

Ah ! monseigneur !...

LE GRAND-DUC, au surintendant.

Elle est charmante !... et décidément il faut renoncer à la comtesse.

LE SURINTENDANT.

Je triomphe !

LE GRAND-DUC.

Le terrible est de lui annoncer, de lui apprendre moi-même...

LE SURINTENDANT.

Eh bien ! je m'en charge, votre intérêt avant tout.

LE GRAND-DUC.

Soit ; nous allons arranger cela au conseil. Adieu, mon cher comte, je vous estime, je vous aime.

LE SURINTENDANT.

Parbleu ! vous y êtes bien forcé.

LE GRAND-DUC.

Et pourquoi, s'il vous plaît?

LE SURINTENDANT.

Parce que je vous défie de trouver dans tous vos états quelqu'un qui vous aime plus que moi.

LE GRAND-DUC.

Il faut vraiment que je sois bien bon pour ne pas me fâcher; mais aujourd'hui, je suis trop heureux. Adieu, belle Henriette, je reviens bientôt. Allons au conseil. (Passant près du surintendant.) Adieu, misanthrope.

LE SURINTENDANT, brusquement.

Je suis fait ainsi, la vérité avant tout.

SCÈNE V.

HENRIETTE, LE SURINTENDANT.

LE SURINTENDANT.

Que je vous remercie de lui avoir parlé en ma faveur; que lui avez-vous donc demandé?

HENRIETTE.

Moi! rien; vous le saurez.

LE SURINTENDANT.

Je n'insiste pas; mais en revanche, je vous promets que, quels que soient les partisans de la comtesse, demain elle n'en aura plus.

HENRIETTE.

Comment?

LE SURINTENDANT.

C'est qu'elle est congédiée aujourd'hui; et en vous laissant guider par les gens dont les intérêts sont liés aux vôtres...

HENRIETTE, qui n'a entendu que les derniers mots.

Vous êtes bien bon, et je vous remercie. Dites-moi alors...

LE SURINTENDANT.

Tout ce que vous voudrez...

HENRIETTE.

Savez-vous pourquoi le comte Rodolphe, votre neveu, était tout-à-l'heure ici?

LE SURINTENDANT.

Lui, en ces lieux!

HENRIETTE.

Je l'ai vu.

LE SURINTENDANT, avec dépit.

Mon neveu! il y venait pour la signora Augusta, avec qui il est d'intelligence.

HENRIETTE.

Vous croyez?

LE SURINTENDANT.

J'en suis sûr.

HENRIETTE.

Cette femme-là, je la déteste..

LE SURINTENDANT.

Et moi aussi; heureusement, et quoique le prince tienne beaucoup à son talent, il suffira d'un mot de vous pour la faire congédier.

HENRIETTE.

Un mot de moi?...

LE SURINTENDANT.

Sans doute; vous ne connaissez pas votre pouvoir. Dès que vous direz : « Je le veux! » chacun doit obéir; et il faut le dire souvent... le dire à tout le monde, ne fût-ce que pour prendre acte, pour vous installer souveraine dans l'opinion, et pour y habituer la cour, le peuple, et le prince lui-même; habitude qui, à la longue, acquiert force de loi, et devient presque de la légitimité.

HENRIETTE, à part.

Je crois que c'est lui.

LE SURINTENDANT.

Tout ce qu'on vous demande, c'est la sévérité la plus absolue, l'indifférence la plus complète; n'éprouvez rien, n'aimez rien, et vous goûterez, au sein de la grandeur, le sort le plus heureux. On vient.

HENRIETTE.

Rodolphe!

SCÈNE VI.

RODOLPHE, ENTRANT PAR LA DROITE; HENRIETTE,
LE SURINTENDANT.

LE SURINTENDANT.

Mon neveu!

RODOLPHE, à part.

C'est Henriette!

LE SURINTENDANT.

Qui vous amène ici, monsieur?... Et comment avez-vous l'audace de vous présenter dans le palais du prince?

HENRIETTE.

Il peut maintenant y paraître sans danger.

RODOLPHE.

Que dites-vous?

LE SURINTENDANT.

Et comment cela?

HENRIETTE, avec embarras.

C'est à lui que je désire l'apprendre.

LE SURINTENDANT, s'inclinant.

Vous en êtes la maîtresse.

HENRIETTE, voyant que le surintendant est encore là, continue avec embarras.

Oui ; mais je voudrais lui parler... à lui.

LE SURINTENDANT, à demi-voix.

Y pensez-vous?... une pareille imprudence?... Si on vous surprenait, si on le savait même, ce serait nous compromettre tous.

HENRIETTE, timidement.

Enfin... je le veux.

LE SURINTENDANT.

Mais, madame...

HENRIETTE.

Vous m'avez dit vous-même qu'à ce mot tout devait m'obéir...

LE SURINTENDANT.

C'est vrai ; mais...

HENRIETTE, avec résolution.

Je le veux.

LE SURINTENDANT.

C'est différent ; je m'en vais, je vous laisse. (A part.) Heureusement que le prince est au conseil... Que c'est utile qu'un prince aille au conseil!... Maudit neveu!... (Rencontrant un regard d'Henriette.) Je sors.

(Il sort par le fond à droite.)

SCÈNE VII.

RODOLPHE, HENRIETTE.

RODOLPHE.

A merveille! A peine arrivée en ce palais, je vois déjà que vous y commandez, que mon oncle lui-même s'empresse de vous obéir, et de rendre hommage à votre crédit.

HENRIETTE.

Mon crédit n'est pas tel que vous le croyez; et probablement doit peu durer. C'est pour cela que je me suis hâtée d'en faire usage.

Air du Suisse au Régiment (musique de madame Duchambge).

PREMIER COUPLET.

De ma grandeur nouvelle
Si je me sers ici,
C'est pour un infidèle
Que je crus mon ami.
De ma grandeur nouvelle
Je n'use que pour lui.
Recevez mes adieux,
   Soyez heureux.

DEUXIÈME COUPLET.

Du sort qui le menace
Mon cœur avait frémi;
J'ai demandé sa grâce.
Car il fut mon ami...
J'ai demandé sa grâce,
Regardez... la voici:
(Lui remettant le papier que le prince lui a donné.)
Recevez mes adieux,
   Soyez heureux.

RODOLPHE, qui a parcouru l'écrit.

Ma grâce, à moi !... et au prix qu'on a pu y mettre, vous croyez que je l'accepterais...

(Il déchire le papier.)

HENRIETTE.

Que faites-vous ?

RODOLPHE.

Je repousse des bienfaits indignes de moi, et que vous auriez dû rougir de demander.

HENRIETTE.

Et pourquoi ?

RODOLPHE.

C'est que vous ne le pouviez sans trahir vos sermens.

HENRIETTE.

Et c'est vous qui osez me faire un pareil reproche ! Qui de nous deux a commencé ?... Deux maîtresses à la fois !... et sans me compter encore.

RODOLPHE.

Et si vous étiez dans l'erreur ?... si les infidélités dont vous m'accusez n'avaient dépendu de moi ni de ma volonté ?

HENRIETTE.

Quoi ! la signora Augusta ?...

RODOLPHE.

J'ai pu, j'en conviens, penser à elle autrefois.

HENRIETTE.

Et c'est déjà trop.

RODOLPHE.

Mais maintenant, je vous l'atteste, ni elle, ni aucune autre n'occupe mon cœur et ma pensée.

HENRIETTE.

Ah ! si vous disiez vrai !...

SCÈNE VIII.

Les précédens ; AUGUSTA.

AUGUSTA, entrant par le fond.

Grâce au ciel, le voilà ! (Venant auprès de Rodolphe.) Je vous cherchais.

HENRIETTE, bas à Rodolphe.

Vous l'entendez.

RODOLPHE, de même.

Ce n'est pas ma faute.

AUGUSTA.

La comtesse d'Arezzo consent à vous accorder l'entretien secret que vous lui avez demandé.

HENRIETTE.

O ciel ! un entretien secret !... Et c'est vous, monsieur, vous qui l'avez demandé !

RODOLPHE.

Permettez...

AUGUSTA.

Et pourquoi pas ?... Une lettre charmante qu'il lui avait écrite, et qui m'a attendrie. Aussi la comtesse, qui n'est pas moins sensible que moi, consent à vous voir ici même, dans l'instant.

HENRIETTE.

Vous voyez donc que vous me trompiez encore.

AUGUSTA.

Et où est le mal ?... vous le rendrez à monseigneur.

Car je n'en reviens pas, cette petite fille! qui, hier encore, me prenait mesure!... Dieu sait maintenant quand j'aurai ma robe de bal.

HENRIETTE, avec colère.

Air de Oui et Non.

Madame, un langage pareil...

AUGUSTA.

Votre altesse ne peut l'entendre.

HENRIETTE.

Je n'ai pas besoin de conseil.

AUGUSTA.

Vous feriez pourtant bien d'en prendre.
A ce poste mettre un enfant
Sans expérience et sans grâces!
Tandis que moi.. mais à présent,
Voilà comme on donne les places!

HENRIETTE, à Rodolphe.

Et me faire encore insulter par elle. Adieu, monsieur, tout est fini.

(Elle veut sortir.)

RODOLPHE, cherchant à la retenir.

Henriette, écoutez-moi.

(Henriette sort sans vouloir l'écouter, Rodolphe veut sortir avec elle.)

AUGUSTA, se mettant au-devant de Rodolphe et l'empêchant de sortir.

Y pensez-vous! Et la comtesse qui va venir, qui s'expose pour vous.

SCÈNE IX.

AUGUSTA, RODOLPHE.

RODOLPHE.

Et pourquoi aussi me dire cela devant elle?

AUGUSTA.

Est-ce que j'ai besoin de me gêner? Est-ce que je dois des ménagemens à elle, ou à sa nouvelle dignité?... Une petite bégueule qui fait sa fière. C'est bien le moins qu'elle soit malheureuse, qu'elle souffre à son tour; je ne fais pas autre chose, moi! ingrat, qui vous adore toujours. Mais ce n'est pas de cela qu'il s'agit; j'ai vu l'ambassadeur d'Angleterre, qui ne conçoit rien à la comtesse. Indifférente sur sa position, elle ne fait rien pour déjouer les projets de ses ennemis, ou pour renverser sa rivale : il semble que cela ne la regarde pas, et elle se laisse enlever le cœur de son altesse, comme une personne enchantée de donner sa démission.

RODOLPHE.

Si cela lui convient.

AUGUSTA.

C'est possible!... mais ça ne convient pas à l'ambassadeur, qui a intérêt à ce qu'elle reste en place; et il me supplie d'employer mon influence sur vous, pour que vous agissiez auprès d'elle, afin qu'elle agisse à son tour; enfin, c'est un ricochet diplomatique auquel je ne suis pas encore habituée; mais c'est égal, c'est amusant; et il faut que vous me promettiez de songer à vos intérêts et à ceux de mon ambassadeur.

RODOLPHE.

Quoi ! vous voulez ?...

AUGUSTA.

Air d'Yelva.

Il est si bon que, par reconnaissance,
Je me sens là, pour lui, du dévoûment.
Je l'ai juré, du moins, et ma constance...

RODOLPHE.

Votre constance...

AUGUSTA.

Eh oui ! vraiment.
Toujours la même, et d'une douceur d'ange,
J'ai toujours fait, dans mes vœux assidus,
Mêmes sermens... Ce n'est pas moi qui change,
Ce sont ceux qui les ont reçus.
Dans mes sermens ce n'est pas moi qui change,
Ce sont ceux qui les ont reçus.

Mais songez aux vôtres ; car c'est la comtesse. (A la comtesse qui entre par le fond.) Madame, voilà ce pauvre jeune homme, qui vous attend avec impatience ; il tremblait que vous ne vinssiez pas ; je vous laisse.

(Elle fait des signes à Rodolphe pour l'encourager à parler à la comtesse ; puis elle sort.)

SCÈNE X.

LA COMTESSE, RODOLPHE.

LA COMTESSE.

Rodolphe, monsieur, vous demandez à me parler ; je vous ai fait attendre peut-être.

RODOLPHE.

Pardon, madame; c'est trop de bonté, en ce moment surtout, que d'autres soins, d'autres intérêts...

LA COMTESSE.

Moi! non. Je ne m'occupais que de vous, du danger qui vous menace.

RODOLPHE.

Et le vôtre, madame!... Disposez de mes jours, de mon bras, ils sont à vous. Je cours rejoindre mes amis; un mot d'eux peut soulever le peuple, qui n'attend qu'un signal.

LA COMTESSE.

Vos amis!

RODOLPHE.

Je vous réponds de leur dévouement comme du mien.

LA COMTESSE.

Comment?... à quel titre?

RODOLPHE.

Il savent que si parfois un peu de liberté nous fut laissé, c'est à vous, à vous seule que nous le devions, que vous fûtes leur protectrice; que récemment vous avez risqué votre faveur à défendre leur cause.

LA COMTESSE.

Vraiment! ah! que de bien vous me faites!... Et ces sentimens, vous les partagiez?... Écoutez-moi, Rodolphe, j'ai besoin de vous ouvrir mon cœur, de justifier la confiance de vos amis, la vôtre. Lorsque vous me connaîtrez mieux, vous me plaindrez peut-être.

RODOLPHE.

Ah! madame!

LA COMTESSE.

Le rang où je suis placée, ces honneurs qui m'en-
vironnent, ce n'est pas moi qui les ai recherchés; on
m'a condamnée à les subir. Issue d'une des premières
familles de Naples, je fus mariée bien jeune encore
au comte d'Arezzo, seigneur ambitieux, prodigue,
et cachant ses vices sous les dehors les plus brillans.
En peu d'années il eut dissipé au jeu, et en folles dé-
penses, une partie de mon immense fortune, et pour
sauver l'autre, que réclamaient ses créanciers, il
quitta l'Italie... il m'arracha de la maison de mon
père, que je ne devais plus revoir, de ma belle patrie,
où j'avais été heureuse quinze ans, (regardant Rodolphe.) où
je puis l'être encore...

RODOLPHE.

Madame...

LA COMTESSE.

Je le suivis en Allemagne. Il avait connu, je crois,
votre grand-duc à Rome, au milieu des désordres de
sa jeunesse : il les avait partagés, et comptant sur
cette fraternité de plaisirs, il parut à la cour du
prince, qui d'abord l'accueillit assez mal; mais le jour
que je fus présentée, mon mari rentra en grâce. Une
charge nouvelle l'attacha à la personne de son nouveau maître, dont il redevint l'ami, le confident. Le
trésor lui fut ouvert, les honneurs lui furent prodigués; et moi, fière du crédit dont, sans le vouloir, j'é-
tais la cause, je vis bientôt les courtisans à mes pieds,
le prince donnait l'exemple. Bientôt il se montra plus

tendre, plus pressant, il demanda le prix de ses bienfaits. Je vis alors le piége tendu sous mes pas; et courant près de mon mari...

Air de Téniers.

> De ces projets qu'en tremblant je soupçonne,
> Je l'avertis... Il rit de ma terreur;
> Je veux partir... De rester il m'ordonne,
> Et chaque jour voit doubler sa faveur...
> D'aucun affront son ame ne s'effraie,
> Et je compris alors que, pour gagner
> Ces honneurs vils qu'avec l'honneur on paie,
> Il n'avait plus que le mien à donner.

RODOLPHE.

Le lâche!

LA COMTESSE.

N'est-ce pas, Rodolphe? il méritait ma haine, mon
mépris. (Baissant les yeux.) Je le méprisai trop, peut-être.
Dès-lors, je n'eus plus de rivales, je régnai. L'ambition s'étant glissée dans mon cœur, je crus que
c'était de l'amour; le prince lui-même, soumis à mes
volontés, ne fut bientôt que le premier de mes sujets,
il abandonnait à mes caprices le sort de sa couronne.
Son indolence aimait à se reposer sur moi de l'embarras des affaires; et il y a quelques mois, lorsqu'un
duel eut mis fin aux bassesses du comte d'Arezzo,
effrayé de mes projets de départ pour l'Italie, il voulut
m'attacher à lui par de nouvelles chaînes, et m'offrit
sa main : il voulut m'épouser.

RODOLPHE.

Vous, madame!... Et vous avez hésité?

LA COMTESSE.

Non; j'ai refusé, parce qu'alors il y avait dans

mon cœur autre chose que de l'ambition; une couronne ne pouvait lui suffire, c'était du bonheur qu'il
lui fallait. Vous vous rappelez ce bal, où vous
prîtes ma défense contre de jeunes étourdis; un jour
plus tôt j'aurais méprisé cet outrage, devant vous il
me fit rougir. Mon sort avait changé, j'aimais!...
Rodolphe, ce matin, vous-même, vous m'avez dit
que, libre, sans ambition, exempt de préjugés...

RODOLPHE.

C'est vrai, je l'ai dit.

LA COMTESSE.

Air : Dans un vieux château de l'Andalousie.

Vous ne demandiez qu'une humble existence,
Vous ne demandiez rien que d'être aimé ;
Comprenez ma joie et mon espérance :
Ce projet si doux, je l'avais formé.
Richesses, honneurs, pouvoir, rang suprême,
Ce sceptre qu'un roi veut me confier,
Moi, j'oublirais tout pour celui que j'aime;
M'aimez-vous assez pour tout oublier ?

RODOLPHE.

Ah! le ciel m'est témoin que jamais reconnaissance
ne fut plus pure, plus vraie que la mienne.

LA COMTESSE.

Répondez-moi.

RODOLPHE.

Ah! je ne puis vous dire ce que j'éprouve, ce qui
se passe dans mon cœur!... Que n'êtes vous sans
fortune, sans naissance, dans la classe la plus humble!

LA COMTESSE.

Répondez.

RODOLPHE.

Pour vous je sacrifierais tout au monde, tout, excepté...

LA COMTESSE.

L'amour.

RODOLPHE.

L'honneur.

LA COMTESSE, atterée.

Ah! je comprends; laissez-moi.

RODOLPHE.

Quoi! madame...

LA COMTESSE, avec dignité.

Sortez.

(Rodolphe sort en saluant.)

SCÈNE XI.

LA COMTESSE, seule.

Il refuse ma main!... il me méprise! moi qui l'ai sauvé; moi qui me suis perdue pour lui! Et pourtant, tout-à-l'heure, ici, son cœur était ému, ses yeux se mouillaient de larmes!... C'était de la pitié! Ah! malheureuse!... de la pitié... Non, je n'en veux pas; et plutôt, pour me venger de celle qu'il aime encore.... (Elle voit Henriette qui entre en ce moment.) C'est elle.

SCÈNE XII.

HENRIETTE, LA COMTESSE.

HENRIETTE, apercevant la comtesse.

Ah!

LA COMTESSE.

Ce n'est pas moi que vous cherchiez, mademoiselle?

HENRIETTE.

Non, madame; j'en conviens.

LA COMTESSE, d'un ton plus doux, à Henriette qui s'éloigne.

Ah! restez. Ne voyez plus en moi une ennemie...
Approchez, et regardez-moi sans crainte.

HENRIETTE.

Il se pourrait! et ce qu'on m'a dit de vous, que
vous me perdriez.

LA COMTESSE.

Moi, mon enfant! Non, c'est un soin que je laisse
à d'autres. Et ces honneurs qu'on vous offre, ces
chaînes dorées qu'on vous impose, puisque vous les
acceptez avec joie...

HENRIETTE.

Avec joie!

LA COMTESSE.

Avant de les quitter, je veux que vous sachiez ce
qu'elles pèsent. Ce sont les adieux d'une rivale, qui
vous laisse, en partant, plus à plaindre qu'elle. Maîtresse du prince...

HENRIETTE, avec effroi:

Moi !

LA COMTESSE.

Désormais c'est votre titre ! Maîtresse du prince,
les plaisirs vous entoureront; les courtisans seront à
vos pieds, comme ils étaient aux miens : c'est de
droit, c'est leur état, cela tient à la place. Une favorite doit compter sur eux jusqu'au jour de sa
chute; et alors, ils passent, avec son antichambre,
à celle qui lui succède. Souveraine du maître de tous,
on prendra pour lois vos volontés, vos caprices...
Vous régnerez; c'est un sort bien séduisant !... il
peut vous éblouir, vous, si jeune et sans expérience;
il en a ébloui qui en avaient plus que vous.

HENRIETTE.

Moi, madame.

LA COMTESSE.

Mais attendez, vous ne savez pas tout encore...
Au faîte des grandeurs, environnée de plaisirs et
d'hommages, vous serez un objet de haine pour les
uns, d'envie pour les autres, de mépris pour tous.

HENRIETTE.

Ah ! madame...

LA COMTESSE.

Et si votre cœur s'ouvrait à des sentimens plus
purs... (Entre le surintendant par le fond à gauche.) Si vous
aimiez quelqu'un que vous croiriez honorer peut-
être. Ah !... que je vous plains ! Il rejettera votre
amour. Et ses dédains...

HENRIETTE.

Non, non, jamais.

SCÈNE XIII.

HENRIETTE, LA COMTESSE, LE SUR-INTENDANT.

LE SURINTENDANT, à la comtesse.

Madame, je suis désolé du message dont on m'a chargé. C'est avec regret, avec un profond regret, que je me vois forcé... un devoir rigoureux...

(Henriette veut se retirer; la comtesse, la prenant par la main, la retient.)

LA COMTESSE.

Attendez, je ne vous ai pas tout dit encore... Et puis, quand vous aurez tout sacrifié... (Regardant le surintendant.) un homme que votre pitié aura soutenu à la cour, un homme accablé de vos bienfaits, viendra, pour prix de votre faiblesse, vous signifier un ordre d'exil, et vous dire... (Au surintendant.) Achevez, monsieur, je vous écoute.

LE SURINTENDANT.

Ah! madame, c'est de l'ingratitude. Quand, par amitié pour vous, je n'ai pas voulu qu'un autre vous fût envoyé, pour vous annoncer qu'à la sortie du conseil, en présence de tous ces messieurs... mon magnanime souverain a signé...

LA COMTESSE.

L'ordre de m'éloigner!... et mes amis étaient là!... Le baron de Midler qui me doit sa fortune, son entrée au conseil, qui me jurait hier encore...

LE SURINTENDANT.

L'honorable baron a signé le premier.

LA COMTESSE.

Le duc de Vaberg, mon ami?...

LE SURINTENDANT.

C'est lui qui a décidé son altesse.

LA COMTESSE.

Ah! c'en est trop! quand je suis encore si près d'eux! (Traversant le théâtre et allant sur le devant à gauche.) Mon Dieu! encore une heure!... une heure de pouvoir, pour me venger de mes ennemis... de mes amis surtout, et je partirai contente.

LE SURINTENDANT, s'approchant d'Henriette

Pardon, madame, si devant vous, un pareil débat...

LA COMTESSE.

Il n'y a pas de mal, monsieur le comte; il est bon que madame apprenne comment finit le rôle que vous lui faites commencer.

HENRIETTE.

Jamais... Dites au prince que je renonce à ses dons, que je veux partir à l'instant même... Je le veux... que Rodolphe ne puisse jamais me mépriser.

LA COMTESSE.

Malheureuse! je voulais me venger et je l'ai sauvée... Je l'ai rendue digne de celui qu'elle aimait.

LE SURINTENDANT.

Donner à cette jeune fille des conseils aussi pervers!... Madame, c'est une indignité! et je dois exécuter à l'instant même les ordres dont je suis porteur.

LA COMTESSE.

Faites comme vous l'entendrez, monsieur le comte;
mais je ne me soumettrai point à de pareils ordres.

LE SURINTENDANT.

Madame.

LA COMTESSE.

Je ne quitterai point ces lieux.

LE SURINTENDANT.

Il le faut cependant.

LA COMTESSE.

Dieu! le prince...

LE SURINTENDANT.

Ah!... nous allons voir.

SCÈNE XIV.

HENRIETTE, LE SURINTENDANT, LE PRINCE,
UN OFFICIER, LA COMTESSE.

LE PRINCE, entrant vivement.

Vous voilà, comtesse!..... je vous cherchais.....
(Au surintendant.) Vous ici, monsieur!... Remettez votre
épée, je vous destitue de vos places, de vos honneurs... Vous n'êtes plus rien.

LE SURINTENDANT.

Moi, monseigneur!

LE PRINCE.

Vous-même.

LE SURINTENDANT.

Je suis perdu! mais quelle machination a-t-elle
fait jouer contre moi?...

LE PRINCE.

Sortez... sortez! vous dis-je... Non, restez et répondez.

LA COMTESSE.

Qu'y a-t-il donc?

LE PRINCE.

Il y a, madame, que le neveu de monsieur, le comte Rodolphe, à qui ce matin j'avais fait grâce par égard pour lui, (montrant le surintendant.) et à la sollicitation de mademoiselle, (montrant Henriette.) le comte Rodolphe, comme un furieux, comme un désespéré, vient de se jeter dans les rues de cette résidence, en appelant le peuple à la révolte.

LA COMTESSE, à part.

Ah! l'imprudent!

LE PRINCE.

Il a été saisi par ma garde, et dans un instant il sera fusillé : ce n'est pas cela qui m'inquiète.

HENRIETTE.

Ah! je me meurs...

(Le surintendant la soutient et la fait asseoir dans un fauteuil.)

LE PRINCE, étonné et regardant.

Qu'est-ce que cela veut dire?

LA COMTESSE.

Qu'elle aimait Rodolphe... qu'elle en était aimée... Demandez au chambellan qui le savait.

LE SURINTENDANT.

Je le savais... je le savais comme tout le monde.

LE PRINCE.

Et il m'abusait, et j'ignorais la vérité.

LA COMTESSE.

On ne l'apprend que les jours de disgrâce. Et vous et moi nous commençons...

LE PRINCE.

Il sera responsable de tout, car lui, son neveu et les siens me serviront d'ôtage; et, comme je vous le disais tout-à-l'heure, au moindre soulèvement...

LE SURINTENDANT.

Ah! mon Dieu!...

(Bruit sourd au dehors. L'orchestre joue la Marseillaise... Aux armes! citoyens!)

LA COMTESSE.

Entendez-vous ces cris?

LE PRINCE ; à demi-voix.

Voilà ce que je craignais, et ce que je venais vous apprendre. On assurait que les jeunes officiers, les amis de Rodolphe, se rassemblaient pour le délivrer; et que le peuple, mis en mouvement et soulevé par eux...

HENRIETTE, à part.

Quel bonheur!

LE SURINTENDANT, de même.

Maudit neveu!

LA COMTESSE, allant à la fenêtre à gauche.

En effet, des rassemblemens se forment devant le palais, dont on vient de fermer les portes.

LE PRINCE, se promenant avec agitation.

C'est ainsi que cela a commencé chez mon cousin le duc de Brunswick, et si ma garde refuse de donner... si elle fait cause commune avec eux!... Mon Dieu! mon Dieu! que devenir!... Une sédition! une révolte!

LE SURINTENDANT.

C'est fait de moi!

LE PRINCE.

Dépouillé, banni... pire encore, peut-être... Les ingrats! moi qui ne demandais rien qu'à régner tranquille!... moi qui me disposais à me rendre au concert.

LA COMTESSE, qui a quitté la fenêtre.

Allons, allons, de la tête, du sang-froid... Calmez-vous.

LE PRINCE.

Se calmer... (Montrant de la croisée.) Voyez donc, comtesse, voyez, que ces masses sont effrayantes! elles augmentent à chaque instant... (Se retirant de la fenêtre.) Gardons qu'ils ne me voient.

LA COMTESSE.

Au contraire, il faut se montrer; il faut paraître.

LE PRINCE.

Au milieu de ces furieux?

LA COMTESSE.

C'est votre devoir... et quand on est prince!...

LE PRINCE, avec effroi.

Et s'ils en veulent à mes jours?

LA COMTESSE, lui prenant la main.

Eh bien, on meurt; mais on ne tremble pas.

LE PRINCE.

Ce n'est pas pour moi que je tremble; mais pour ce peuple, mais pour les malheurs qui peuvent résulter d'une émeute, d'une guerre civile!... Que faire? je vous le demande, que faire?... vous qui êtes mon guide, mon conseil.

LA COMTESSE.

Me laissez-vous libre, et maîtresse d'agir à mon gré, à ma volonté ?

LE PRINCE.

Sans contredit.

LA COMTESSE, s'asseyant, écrivant, et appelant en même temps l'officier qui est au fond du théâtre.

Monsieur le major... qu'à l'instant même on mette en liberté ce jeune prisonnier... le comte Rodolphe.

HENRIETTE, qui est venue auprès de la comtesse.

Ah ! madame !

LA COMTESSE, regardant le prince.

C'est l'ordre du prince.

LE PRINCE.

Quel est votre dessein ?

LA COMTESSE, écrivant toujours.

Qu'il parte, et qu'il remette sur-le-champ cette lettre à ses amis. (Elle se lève, et amenant le prince sur le devant de la scène, elle lit.) « Confiez-vous à la parole de votre « souverain... séparez-vous à l'instant même; et je « vous réponds qu'il accordera dès aujourd'hui, de « son plein gré, les garanties que, plus tard, son hon- « neur l'obligerait de refuser à la violence. »

LE PRINCE, prend la lettre, la ploie, et la donne au major.

Allez. (Le major sort. A la comtesse.) Et vous croyez qu'une telle promesse appaisera les esprits ?

LA COMTESSE.

J'en suis sûre... le tout est de céder à temps, et vous n'aurez plus rien à craindre... Et maintenant (serrant la main d'Henriette.) que je l'ai sauvé... (regardant le sur- intendant.) que je me suis vengée de mes ennemis, (au prince) que j'ai affermi votre pouvoir... Ferdinand, je puis partir pour l'exil où vous m'avez condamnée.

LE PRINCE, la retenant.

Jamais... ou je serais le plus ingrat des hommes... Cette main que, naguère encore, je vous offrais...

LA COMTESSE.

Que dites-vous ?

LE PRINCE.

La refuserez-vous de nouveau, quand c'est pour moi, pour mon bonheur, que je vous le demande?

LA COMTESSE.

Je ne le puis!... je ne le veux pas!... je vous l'ai dit.

LE PRINCE, écoutant.

Ciel! qu'entends-je?

LE SURINTENDANT.

Le bruit recommence.

HENRIETTE, regardant par la fenêtre.

C'est le peuple, les officiers... ils se précipitent dans les cours intérieures.

LE PRINCE.

Je suis perdu.

LA COMTESSE, lui prenant la main.

J'accepte votre sort. Je le partage... Je ne vous quitte plus.

SCÈNE XV.

Les précédens ; AUGUSTA.

AUGUSTA.

Ah ! mon prince... Ah ! madame !... le peuple qui
se pressait autour du palais, parlait d'enfoncer les
portes et de mettre le feu ; lorsque tout à coup le
comte Rodolphe et ses amis se sont précipités au
milieu de la foule en criant. « Vive notre souverain !
« Vive le prince à qui nous devons nos libertés...
« Nous mourrons tous pour le défendre !... Et tout
« le monde a crié comme eux.

LE PRINCE, avec joie.

Il serait vrai !

AUGUSTA.

Et les voici.

SCÈNE XVI.

Les précédens ; RODOLPHE, Peuple, Officiers,
Soldats, etc., etc.

CHŒUR.

Air : du Dieu et la Bayadère.

Vive à jamais la liberté !
Vive celui qui nous la donne !
Gardé par elle, que son trône
Soit glorieux et respecté.

LE PRINCE.

J'ai compris vos vœux... vos besoins... J'y saurai pourvoir. (A Rodolphe.) Je compte sur vous, (aux officiers et au peuple.) comme vous pouvez compter sur moi.

LA COMTESSE.

Oui, Rodolphe... et, pour commencer, son altesse vous accorde la main d'Henriette.

HENRIETTE ET RODOLPHE.

Ah! madame !

(Rodolphe passe auprès d'Henriette,)

LA COMTESSE , à Rodolphe.

Maintenant remerciez votre oncle, qui se charge de votre fortune

LE SURINTENDANT.

Moi ! permettez...

LA COMTESSE , passant auprès de lui.

Je le veux... ce sont les ordres du prince.

LE PRINCE , au surintendant.

A ce prix, je vous rends votre épée.

LE SURINTENDANT , s'inclinant.

C'est différent... (A la comtesse.) Et croyez, madame, que dans tous les temps...

LA COMTESSE.

C'est bien, c'est bien... Allons donc, puisqu'il le faut... allons retrouver les courtisans... et la puissance.

HENRIETTE , à Rodolphe.

Nous, le bonheur.

AUGUSTA.

Et moi, mon ambassadeur !

CHOEUR.

Vive à jamais la liberté !
Vive celui qui nous la donne !
Gardé par elle, que son trône
Soit glorieux et respecté.

LA COMTESSE, HENRIETTE et AUGUSTA, au public.

Air : Fleuve du Tage.

ENSEMBLE.

(Montrant Rodolphe.)

Pour lui je tremble,
Car il eut plus d'un tort ;
Mais lorsqu'ensemble
Trois femmes sont d'accord...
Lorsqu'indulgente et bonne,
Chacune ici pardonne,
Ah ! serez-vous
Plus sévères que nous ?

FIN DES TROIS MAITRESSES.